好课程是设计出来的

是设计出来的

金才兵　陈敬◎著

Designing Makes Good Course

机械工业出版社

China Machine Press

图书在版编目（CIP）数据

好课程是设计出来的 / 金才兵，陈敬著 . —北京：机械工业出版社，2015.6（2025.11 重印）

ISBN 978-7-111-50579-2

I. 好… II.① 金… ② 陈… III. 课程设计 IV. G423

中国版本图书馆 CIP 数据核字（2015）第 136115 号

　　课程设计是培训教学的关键。本书从人类认知的规律入手，总结作者多年的现场培训经验，提炼出了一套适合成人学习的课程设计方法。全书共两篇，上篇：基于认知的课程设计，包括三章内容（激发学习动机、旧知联结新知、基于认知规律的敏捷开发）；下篇：课程设计路径图，包括七章内容（聚焦问题、设定目标、搭建结构、细节设计、设计体验、美化课件和试讲验收）。

好课程是设计出来的

出版发行：机械工业出版社（北京市西城区百万庄大街 22 号　邮政编码：100037）

责任编辑：杨　明　　王金强　　　　　　责任校对：殷　虹

印　　刷：北京盛通数码印刷有限公司　　版　　次：2025 年 11 月第 1 版第 28 次印刷

开　　本：170mm×242mm　1/16　　　　印　　张：11.75

书　　号：ISBN 978-7-111-50579-2　　　定　　价：69.00 元

客服电话：（010）88361066　68326294

课程开发的道与术

美国罗切斯特大学心理研究专家爱德华·德西在1970年曾经做过一个实验，这个实验的道具是7块形状各异的木头，只有一种方法能把它们拼成一个大立方。他招募了一群大学生志愿者，分三次来进行实验。

第一次，志愿者的任务是把7块木头拼成大立方，无偿的。志愿者很快就投入到玩木头游戏中，即便过了规定8分钟的时间，许多人还在兴致勃勃地继续拼。

第二次，志愿者被分成两组，还是原来的任务，但第一组仍然是无偿的，而第二组一旦拼成功就会有一美元奖励（1970年的一美元对学生来说是很大的数目）。结果，第二组志愿者拼得更积极了，花的时间也更多。

戏剧性的事发生在第三次。第三次，实验又恢复了第一次的规则。爱德华发现，那些在上一次实验中得到一美元的学生，在这一次实验里，积极性和花的时间大幅减少。

这个实验证实了一个心理学理论，动机分为两大类：内在动机和外在动机。内在动机能让行为本身就成为一种回报，而外在动机，回报来自于行为之外的东西，而非行为本身，比如金钱、奖励、加分、荣誉等。

对于学习这件事儿来说，内在学习动机是因好奇心、求知欲、自尊心、责任感、学习兴趣和成功感等内部因素所引发的学习动机。内在学习动机所追求的目标是学习活动本身，不追求学习活动之外的目标，其作用具有持久性。外在学习动机所追求的目标则是学习活动之外的目标，通常是由长者、权威、领导或群体提供的分数、奖金和职称等外部引诱而产生的，若外部引诱消失，行为便不能持久。

学习的内在动机来自于知识获得与问题解决带来的愉悦感。

很多神经学家猜测，当你解决一个问题时，你的愉悦感来源于你的大脑奖励给自己的少量多巴胺——这是一种对大脑的愉快系统很重要的且存在于自然中的化学物质。

那么，问题来了，我们如何在课程开发的时候，尽量把设计思路放在激励内在动机而非外在动机？我们有哪些方法是可以激发内在动机而非仅仅激发外在动机的？

我们先来看一个挑战：请找出下面两张图中的不同之处，据说有五处不同。

这是很多人喜欢玩的一个小游戏，我每次坐飞机的时候都会翻开航空杂志，寻找这样的游戏（一般都有），每次找到答案后就会环顾一下左右，有一种心满意足的感觉。没有人在我找到答案后给我哪怕一毛钱，为什么我每

次还是乐此不疲？因为这个游戏满足了我的好奇心，也就是说激发了我的内在动机，所以做这个游戏本身就能产生愉悦感和满足感。

激发内在学习动机有三个关键词：好奇心、挑战性和参与感。

第一个关键词：好奇心

在现实生活中，一些新奇的事情本身可以激发人们的好奇心。比如雾霾是怎样产生的？孙楠为什么退赛？但在课程开发时不能这样简单粗暴地提出问题。

有些经验不足的培训师往往一上课就直接问学员：你们部门最近遇到的最困难的事情是什么，大家以小组讨论跨部门沟通的难点在哪里，等等，结果等待老师的往往是一阵难堪的沉默，哪怕老师使尽浑身解数去引导，学员讨论出来的也是不尽如意、几乎雷同的答案。

难道大家对这样的问题没有好奇心？不想知道问题的答案？非也！学员在彼此之间不熟悉的时候，没有人愿意在陌生人面前夸夸其谈。更重要的是，需要一个恰当的"导入"来激发学员内在的好奇心，而不是试图仅仅用问题来撬开学员的大脑。

我们曾经为一家企业开发与"创新"有关的课程。为了激发学员的好奇心，我们设计了下面这样的活动来导入主题。

请一笔连接图上所有的点，看谁连接出来的图最富有意义和创意？

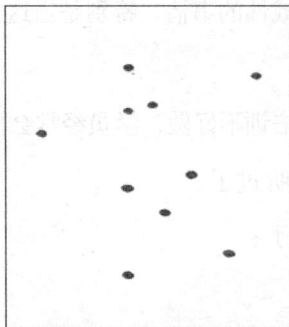

　　学员做完练习之后，让学员自己投票评选出最有创意的三个图案，然后告诉学员，今天的课程里会有很多这样的创意练习，也会教很多创意的方法和技巧给大家，这样学员的好奇心就被立刻激发出来。下面是部分学员的答案，亲爱的读者，你也可以拿起笔，挑战一下自己的创意力。

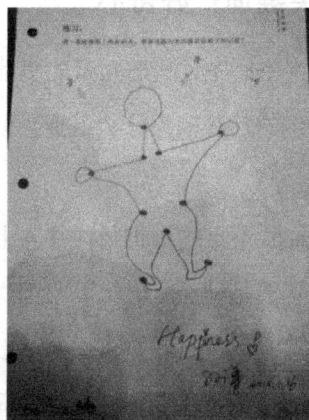

第二个关键词：挑战性

　　心理学的研究认为，学习者只有了解自己在学习中会遇到什么样的困难，在学习后会得到什么样的收益，权衡利弊之后才会对心理努力或者心理投入的付出做出决策。

　　简言之，只有当学员觉得所要解决的问题是有趣的，针对实际工作的，能够参与其中的，才会乐意去学习。

　　人们都愿意尝试有挑战性的事情，特别是当这个事情跟他的工作还高度相关时。

　　很多老师反映现在的培训不好做，学员经常会挑战老师，比如：

　　• 这个理论我们已经听过了；

　　• 这个游戏我们玩过了；

　　• 老师讲得太浅；

- 老师的内容不够落地；

- 老师的方法没办法落地；

……

这些对于老师而言，确实是巨大的挑战。

与其被学员挑战，不如先挑战学员。

我们在帮一个企业开发一门关于"管理技能"的课程时，设计了如下的案例讨论环节。

案例：渴望升职的员工

张飞是公司的销售代表，进公司已经三年了。他上进心强、工作努力、表现出色，却仍然只是个销售代表。张飞脾气粗暴，动不动就发火，平日里经常和部门同事吵架。最近，比张飞晚进公司的吴用被销售经理洪七公推荐，调到别的团队，升为销售主管，这更让张飞非常不爽。他认为吴用论经验没有自己丰富；论能力，也不见得比自己出色。顶多是比较会讲话，同事们都比较喜欢他，但是也不能光凭这个就升他做主管呀。于是张飞决定去找经理洪七公谈一谈。

讨论：洪七公应该怎样跟张飞谈？为什么？

这个案例讨论在后来的培训教学中效果非常好，激发了学员的热烈讨论。因为这个案例的设计是有挑战性的，案例本身并没有标准答案，但在实际工作中可能都会遇到类似的事情，所以大家都会根据自己的经验提出各种观点和办法。

但在案例总结的时候，我们设计了三个维度：完成任务，即有没有完成案例中的任务，是否以任务为导向，管理的最终目的是要完成任务。激励下属，在完成任务的过程中，是命令式的、说服式的，还是激励式的？发展领导力，在完成任务的过程中，学员的领导力是否得到提升。

那么在开发这种挑战性的案例时应该注意什么？笔者根据多年的课程开

发经验，认为要注意以下事项：

· 来源于实践，是复杂现实的真实体现；

· 反映管理环境的非确定性；

· 反映竞争环境的时代性和复杂性；

· 主要是为培养分析能力和解决问题能力服务；

· 具备多种方案的选择性；

· 给学习者留有广泛的想象空间；

· 避免简单因果关系和直线性思维。

第三个关键词：参与感

我们在课程开发的时候会采用以下方式激发学员的参与感。

发给学员小标签，让学员在讲义上标出自己感兴趣的学习重点，老师根据学员关注的重点灵活调整讲解的深度。

让学员互相出题、互相测试。比如在一个模块的学习小结时，让学员针对这个模块的内容以小组为单位互相出题，第一组的题目由第二组回答，第二组的题目由第三组回答，以此类推，每次效果都非常好。

甚至我们把手机都用上了，在课程开始环节，我们组织一个学习微信群，在学习过程中让学员把小组结论发到微信群里，最先发表的三个小组给予特别奖励。在学习结束的收尾阶段，要求学员每个人发三条学习心得到微信群里。

这些最新手法的运用，极大地激发了学员的参与感，收获了学员的投入度。

如果你深刻理解了以上三点，就掌握了激发学员内在学习动机的诀窍，勤加练习，终将登堂入室，迈进课程设计的自由王国。

金才兵

目　　录

上篇

基于认知的课程设计

第一章

激发学习动机

第一节 "三动"激发学习动机

挑战 1-1 请将图 1-1 中的词语连成一句话，并谈谈你对这句话的理解

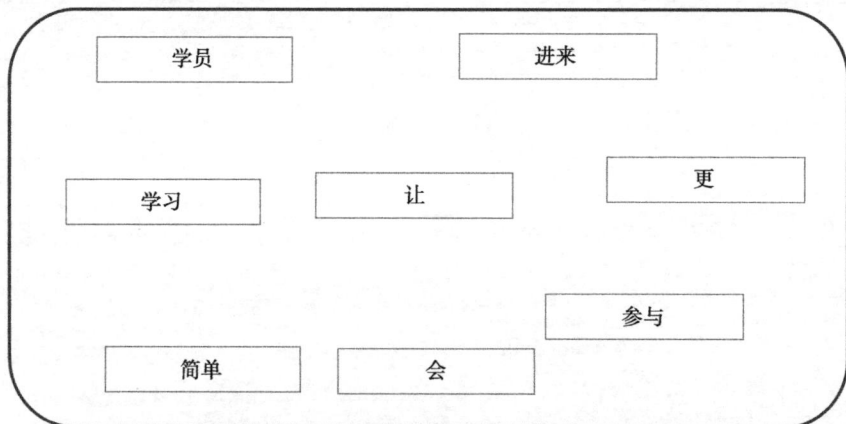

学员		进来
学习	让	更
		参与
简单	会	

图 1-1

聪明的你可以很快写出这句话：**让学员参与进来学习会更简单。**

请写下你对这句话的理解

_____

_____

_____

为什么又是让大家连线又是让大家写感想呢？因为只有当你拿起笔做这些事情的时候，你的学习动机才有可能被激发。而学习动机的激发意味学习有可能真正地开始，而不是假装在学习。所以你在上面的线上写了什么不重要，重要的是你在做这件事。只要你动笔写，学习就已经发生了。

挑战1-2　请在下面写出你的想法

在美国大萧条时期，为了解决食物不足的问题，美国政府希望家庭主妇能改变饮食习惯，接受动物内脏做食品。众所周知，美国人不吃动物内脏，所以要培训这些家庭主妇，让她们接受动物内脏。如果刚好你是这个项目的培训师，你会怎样做这个培训呢？

_____

_____

大部分培训师可能准备大讲特讲动物内脏的营养价值、动物内脏如何好吃，甚至说明现在是非常时期，大家要共渡时艰等，显然效果不会很好。

心理学家勒温利用这个机会做了一个实验：把家庭主妇分成两组，一组是听课组，由著名的营养师给大家讲讲动物内脏的营养价值如何如何高等内容。另一组是讨论组，就是组织大家共同讨论：动物内脏做什么菜肴好吃。结果，听课组事后只有3%的家庭主妇回去买了动物内脏做菜，而讨论组的比例高达32%。这就是著名的"改变食物习惯实验"。

这两组的不同之处在于讨论组让大家参与进来了，因为参与了，所以行为改变的效果是没有参与感的10倍。所以参与感是激发动机的一个关键因素。

所以在课堂上要尽量让学员参与进来，让学员动动口、动动手、动动脑，简称为"**三动**"。这本书也会设计很多这样的环节，希望大家能拿着铅笔，边看书边在书上写写画画。

- 动动口
- 动动手
- 动动脑

动动口

动动口的意思是让大家开口说话。现在课堂上有个有趣的现象，老师在台上讲的时候，下面会有学员小声说话。但真要让大家发言的时候，大多数情况下会鸦雀无声。所以如何让学员开金口是一个很重要的问题。

金口难开一般有下面三个原因：

1. 真的不懂

2. 不好意思

3. 觉得无聊

因为不懂，所以不知道如何回答老师的问题，这时提问要讲究由浅入深的一个过程，从学员知道的知识开始设问，或者给出一定的提示。

针对不好意思的学员，关键就在于导入部分的设计。不能很突兀地让学员上台分享。比如我们讲"参与"的重要性，不能一上来就要求学员来分享，而是可以像本文开头的挑战 1-1 的设计那样，先让大家做个练习，然后说"谈谈你对这句话的理解"。

或者采用全班同学共同完成练习的方式来让学员开金口，比如挑战 1-3。

挑战 1-3　让学员共同练习

> 请把下列句子中不合适的词划掉
>
> • 专家和新手对待同样的信息的做法（相同 / 不同）。
>
> • 与专家相比，信息串的大小对新手而言（较大 / 较小）。
>
> • 一位专业的机械师是通过学习（陈述性 / 程序性）知识成为专家的。
>
> • 当邀请上述这位机械师指导一个小组工作时，通常要把其专业知识转化为（陈述性 / 程序性）知识。
>
> • 学习的三大支持因素是能力、知识背景和（动机 / 信息）。
>
> • 学习者越觉得所学内容（有价值 / 没有价值），其学习动机越强烈。
>
> • 具备强烈学习动机、较高的能力和丰富的知识背景的学习者需要（较多 / 较少）指导。
>
> • 培训活动是对学习者（已具备的知识 / 不具备的知识）的补充。

注：本练习内容选自哈罗德教授《交互式培训》P49，参考答案也请查阅此书。

我[一]在课堂上让大家做这个练习的时候，要求大家一起大声地说出答案，因为大家一起回答问题，就不会担心回答错了。这样培养学员在课堂上愿意并自然开口回答问题的习惯。

至于觉得无聊的学员，大都是认为老师讲的内容我都已经知道了，没必要再学习了，或者觉得学习是在浪费时间。这时老师要提高学习难度，让这部分学员觉得有意思，要敢于挑战这部分学员的知道感。

[一] 本书上篇为金才兵所著，下篇为陈敏所著。

动动手

动动手的意思是让学员在课堂上动手做些事情，而不是抱着双臂听讲。要让学员动手，也需要事先的设计。

挑战 1-4　寻人启事

请在 1 分钟时间内，用不超过 25 个字在一张便笺纸上写一篇寻人启事，这个人就是你自己，写完后放在一起混合，然后每人再在里面抽一张寻人启事，根据便笺纸上的内容找到这个人。找人时间控制在 2 分钟。

_____

_____

_____

这是一个在沟通课堂上运用到的小活动，活动结束后要组织大家讨论怎样写会更高效，更容易让别人通过寻人启事找到你本人，从而引导到沟通的主题——我们应该如何跟别人沟通。

这样的形式就比一上来就讲沟通的定义、沟通的障碍等内容有效得多，学员通过动动手会亲身体验到影响沟通的主要因素，进而思考、探索如何利用这些因素等。这样学习动机就可以被激发出来。

动动脑

动动脑就是让学员在课堂上动脑筋，通过动脑来激发他们的学习动机。我通常用的一个方法是让学员猜谜语。

挑战 1-5　猜谜语

• 青一块、紫一块（打一字）

• 遇水一片汪洋、遇木一阵花香（打一字）

- 遇火挨烧、遇水挨浇，若猜尧字、智慧不高（打一字）
- 正月十六娶媳妇（打一成语）
- 子时将尽（打一三字口头语）

猜谜语只是一种形式，其实有很多方法可以让学员动脑，本书后面会陆续介绍各种常用方法。

谜语答案：素（青上面＋紫下面）、每（每＋水＝海，每＋木＝梅）、林（林＋火＝焚，林＋水＝淋）、大喜过望（十五是农历的望，十六就是过望，娶媳妇是大喜）、快一点（子时是半夜十一点到一点，将尽是快到了）。

第二节 什么是动机

这段内容可能相对枯燥，不感兴趣的读者可以直接跳过。但是这一段对于理解人类学习者又相当重要，所以本人将尽力用简洁明了的语言做些解释。

心理学界的大牛人很多，不可能一一阐述，我们选一些在动机领域有突出贡献的人来介绍。

行为学派的观点

该学派的主要论点是：奖励系统是激发某种理想行为的最有效的方式。因此，行为学研究者一般从外部力量考虑动机。比如哪些特定的条件会带来何种行为，以及这种行为的后果会影响到该行为再次发生的可能性。

后来人们延伸和系统地归纳了早期的观点，重点是找出人类的一系列基本需求。默瑞（Murray 1938）归纳了大量的人类需求，比如，与人交往的需求、控制别人的需求、理解周围世界的需求以及人类最基本的生理需求。默瑞把这些需求看成是导致我们内心紧张的因素。而我们又必须释放这种紧张的感觉，以便满足需求。

亚伯拉罕·马斯洛（Abraham Maslow 1968）提出了以金字塔形式呈现的人类需求层次模型。这个大家都耳熟能详，就不展开介绍了。

阿特金森（Atkinson 1964）认为成就动机包括力求成功的动机和避免失败的动机。每一个学习者的学习动机中，实际上都含有力求成功和避免失败的动机，只是以哪种占优势而已。

若以力求成功占优势，即为力求成功者。他们旨在获得成就，最有可能选择成功概率接近 50% 的任务，因为这种选择能够提供最大的现实挑战，而对完全不可能成功和稳操胜券的任务，动机水平反而下降。

若以避免失败占优势，则为避免失败者。他们倾向于选择非常容易或非常困难的任务，因为选择容易的任务，可以避免失败；选择困难的任务，即使失败了也能找到适当的借口减轻失败感。

这也解释了为什么老师提出问题后，总会有学员积极踊跃地回答，也总会有学员要经过再三鼓励才发言。所以讲师在设计问题的时候既要有挑战性，也不能过于困难。

我们在小学的一些学习过程就是按照行为学派的观点设计出来的，如下面造句子的练习。

示例 1：造句练习

他 她	经常 从不 总是	做……

提示：足球　周末

回答：他周末经常踢足球

或：他周末从不看球赛

提示：

电影　周末

喝茶

乘公交车上学

冬天　游泳

晚上　小说

（我们可能已经很痛恨这类学习了。）

认知学派的观点

该学派的主要观点是：人是根据对外部事件的理解来作出反应的，即行为是由人的思维所决定的，而不是简单地取决于是否能获得奖励、惩罚和满足生理需要。

人类可以选择自己的行为方式，因此可以控制自己的行为。我们能够为自己确立目标，并且以某种方式采取行动来实现这些目标。

示例 2：以 s 结尾的词

这里有多少以 s 或 's 结尾的词？

s 或 's 总是表达一样的意思吗？

把以 s 或 's 结尾的词分成四类。

A:If we look at ,your mother, Has she got any brothers and sisters?

B:Yes, she's got one sister.

A:No brothers?

B:No.

A:OK. Your father's called John? And your mother's called Pat?

B:That's right.

请找出上文中以 s 结尾的词并把它们归类。这样的学习似乎没有那么机械。

（注：这两个示例选自 Marion Williams《社会建构主义模式》。）

建构学派的观点

该学派的理论试图融合行为派和认知派的观点，认为行为既取决于行为结果，又取决于个人信念。每个人的行为动力有不同的机制，每个人对外部影响有自己的理解。

皮亚杰（Piaget，1966）把认知的发展视为一个逐渐成熟的过程。思维的发展被视为二者不断寻求平衡的过程，即已有知识与当前经历之间的平衡，这个平衡由**同化和顺应**两个互补的过程完成。

同化是新信息在我们的思维中经过改变或修正纳入我们原有知识体系的过程；顺应是修改我们已知的信息以便接受新信息的过程。将两个过程结合起来，就形成了皮亚杰所称的认识适应的中心过程，这是学习中必不可少的方面。

杰洛姆·布鲁纳（Jerome Bruner，1966）认为，教学的中心目的是培养概念理解力、认知技能和策略，而不是获得事实性的现成信息。

他提出，任何学习不应该仅仅让我们了解这门课程，更重要的是我们可以去自我发现、探索更多。

乔治·凯利（Kelly，1955）认为每个人都像科学家一样不断地了解世界，进行他们自己的个人试验、建构假设，并积极地证明这些假设是否成立，从而建立关于所处环境和所交往的人的认识，这就是"**个人构念**"。对于凯利来说，学习包括学习者对信息或事实产生自己的理解。学习者积极地参与到建构对事物理解的过程中，而且，这种理解因人而异。

传统的观念把学习看作事实的积累或技能的发展。与此不同，建构主义认为从出生那一刻起，个人就积极地从自身经验中建构个人意义。

换句话说，每个人都有自己对于身边世界和经历的理解。这样，学习者就成为学习的中心。

动机的定义

动机可以被解释为：

· 一种认知和情感的激励；

· 这种激励会带来有意识的行动决定；

· 也会产生阶段性的持续的脑力和体力劳动；

· 其目的是要达到预先设定的目标。

（注：该定义引自《社会建构主义模式》。）

第三节　内在动机与外在动机

有一个流传甚广的故事，说一个老爷爷在安静地晒太阳，这时跑来一帮精力旺盛的小子在旁边的空地上打闹，让老爷爷不得清净。一连几天都如此。老爷爷很苦恼，最后灵机一动，叫来领头的小孩，说你们玩得很好，我很开心看到你们在这儿玩，这样吧，我明天给你5元钱，你还带着他们来这里玩。孩子王很高兴，玩儿还有钱，当然好啦。过了一天，老爷爷说，今天没带这么多钱，只有2元，你明天还带着他们来。孩子王有点不太高兴，但还是同意了。又过了一天，老爷爷说，今天没带这么多钱，只有5毛，你明天还带着他们来。孩子王生气了，说5毛钱就想看我们玩儿，没门儿，我们去别的地方玩，拜拜。

这个小故事虽然不是真的，但生动地说明了内在动机和外在动机的关系，孩子们玩儿本来是天生的内在动机，但是老爷爷通过奖金将内在动机变成外在动机，最后因为外在动机的不满足而失去动机。因此我们要警惕，过度的激励会让好事变坏事，从而失去动机。那什么是内在动机，什么是外在动机？

心理学家将学习动机分成内在学习动机和外在学习动机两大类。

内在学习动机是因好奇心、求知欲、自尊心、责任感、学习兴趣和成功感等内部因素所引发的学习动机。内在学习动机所追求的目标是学习活动本身，不追求学习活动之外的目标，其作用具有持久性。

学习的内在动机来自于知识获得与问题解决带来的愉悦感。

外在学习动机所追求的目标则是学习活动之外的目标，通常是由长者、权威、领导或群体提供的分数、奖金和职称等外部引诱而产生的，若外部引诱消失，行为便不能持久。

可以问这样一个问题："如果没有奖励或惩罚，我还会做这件事吗？"来区分内在学习动机和外在学习动机。

学习活动最强大的奖励因素是掌握新概念时所产生的愉快感。很多神经学家猜测，当你解决一个问题时，你的大脑可能奖励它自己少量的多巴胺——这是一种对大脑的愉快系统很重要的、存在于自然中的化学物质。

还有一个需要注意的现象是，外部动机的强化要谨慎。有研究者发现，如果给予金钱让人们去做他们自己喜欢做的事情，他们很快会对做这件事失去兴趣。他们失去兴趣的速度比没有得到报酬的情况要快得多，就像上面故事中的小孩一样。

心理学家对此的解释是，表扬或奖励会使学习者感觉到他们对学习的参与掌握在别人的手中，不受自己的控制，因此他们内在的动机就会减弱。

当然，在现实生活中，这二者之间的区别也不是黑白分明的。有些行为的产生是这两种动机同时作用的结果。老师要花更多的精力去挖掘学习者的内在动机。

第四节 提升内在学习动机，寻找学习的"心流"状态

1. 以学习者的兴趣和内在需要为基础

调动内在动机，以学习者的兴趣和好奇心为基础。老师可以采取很多措施，把学习材料和学习活动与学生的兴趣联系起来，比如：

- 使学习材料生动有趣。
- 把学习内容与学习者的生活联系起来。
- 运用游戏、谜语或其他吸引人的方法。

2. 相信学习者的能力：增强控制感和效能感

相信每个学习者都有学习能力，相信每个学习者都能通过他们自己的文化理解这个世界。这也会增加学习者的内在力量，增加学习动机。

总的来说，当学习者感觉自己对环境、学习任务有一定的控制力或发言权时，他们的影响力需求和自主需求就能够得到满足。因此，进行归因训练，鼓励内部归因，这是内在动机产生的源泉之一。

3. 运用反馈原则，同时不要为失败找借口

对学习者的良好表现进行反馈能够提供内在动机，而对不好的表现进行反馈能让学习者明白哪些地方需要改进。这两种反馈都是很重要的激励因素。

反馈应该尽可能详细、具体，评语不能咄咄逼人。反馈应该重视、鼓励内部归因——如是否努力，而不是鼓励外部归因——如运气不好或内容太难。

4. 学习任务具有适度的挑战：展示知识本身的魅力

人类大脑总是自然而然地寻找充满新奇性的刺激，所以可以用好奇和新颖来保持学习者的注意力和兴趣。持续的好奇和新鲜可以促成神经系统的改进。大脑也喜欢一定程度的挑战。适度挑战性的任务最能激发大脑的学习动机。

5. 目标对动机的作用

学习者制订自己的目标。目标是一个特定的、可实现的积极结果。目标要足够高，使学习者觉得值得去实现它们。

不要对达到自己所设定目标的学习者给予奖赏。相反，和学习者一起工作，让他们的目标变得更有意义和价值，这样他们会发现实现目标的内在动机。

6. 解决问题会带来愉悦感

成功的思考可以带来满足感、成就感。神经学家已经发现对于学习系统和大脑奖励系统都很重要的化学物质存在于大脑区域中。很多神经学家猜测这两个系统间存在联系。

脑力活动吸引我们是因为它给我们体验成功的、愉悦的机会。好奇心与生俱来，它引导人们去寻找思考的机会。但是好奇心也很脆弱，如果不能从学习内容中找到意义，或者学习内容太难，我们的学习就很难进行下去，我们也将不能获得愉悦的成功体验。

7. 寻找学习的"心流"状态

心理学家发现一种"心流"的学习状态。这种状态最有可能出现在挑战和掌控处于同样水平的时候。在这种状态下，学习者从内部被高度激发，学习变得充满乐趣。

心流是一种愉快至极的体验，其特点是满心欢快，甚至是欣喜若狂。在这种状态下，人们做事专心致志，心无旁骛，心行合一。就有可能出现以下情况：

- 人们全部的身心投入到工作当中。

- 人们注意力高度集中。

- 人们知道自己想要做什么。

- 人们知道自己做得有多好。

- 人们不畏惧失败。

- 人们发现时间过得真快。

- ……

总之，心流是人们最大限度地发挥自己潜能的时候，人们一旦进入心流状态，对手中的事情就驾轻就熟，对任何变化都能应付自如，对任何困难都会自动视为挑战。

挑战1-6　请在下面词语后面的括号中选择正确的一项

- 表扬（内在学习动机、外在学习动机）

- 好奇心（内在学习动机、外在学习动机）

- 探索欲望（内在学习动机、外在学习动机）

- 奖励（内在学习动机、外在学习动机）

- 自主性（内在学习动机、外在学习动机）

- 竞赛（内在学习动机、外在学习动机）

- 特权（内在学习动机、外在学习动机）

- 自我控制（内在学习动机、外在学习动机）

- 分数（内在学习动机、外在学习动机）

- 自由（内在学习动机、外在学习动机）

- 保证书（内在学习动机、外在学习动机）

- 骄傲（内在学习动机、外在学习动机）

- 成就感（内在学习动机、外在学习动机）

挑战 1-7 分别写 10 个你认为最能表述内在动机的词语和表述外在动机的词语

内在动机	外在动机

第二章

旧知联结新知

前文提到，根据皮亚杰的观点，掌握新知识是由**同化和顺应**两个互补的过程完成的。

同化是新知识挂靠在原有的旧知识结构上，并没有从根本上推翻旧知识的结构，而是在原有结构的基础上做一些微调，有所变通、有所增减。

顺应则是原有的结构难以再吸纳新知识的挂靠，必须打破旧的平衡，形成新的结构，以整合新旧知识。

简而言之，同化是把新知识向原有框架里装，顺应是把原有知识向新框架里装。这个过程说明在认知新知识时，原有知识（旧知识）是多么的重要。甚至可以说，没有旧知识的基础，就没有办法学习新知识。

所以我们有个说法叫以旧知求新知。建立新旧知识的联结的一个关键步骤是激活旧知。这也是梅里尔教授提出的五星教学法中重要的一步。

学习不只是一个信息（或知识）传递过程，学习是结网。学习者用自己的原有网络慢慢地拓展和更新，将别人的知识转化为自己的知识。

第一节　激活旧知

挑战 2-1　教学习者学方言

下面的任务是教会一个学习者学习从未接触过的方言常用语，请在下面写出你的教法。

_____

_____

_____

我的教法是先问问学习者为什么要学习这个方言（假设是广东话）？回答是旅游时可能用得着，因为全世界各地讲广东话的华人很多。

然后问他想学哪方面的用语？回答是讲价的和骂人的，呵呵。

再然后问他：用普通话怎样讲价的？回答是便宜点儿或五折。

然后就教他用广东话说"便宜点儿＝平地"和"五折＝勿杰"

又问他：用普通话骂人怎么骂？回答是傻帽或乡巴佬。

教他用广东话说"傻帽＝昂高"和"乡巴佬＝波搂"

最后让他在两种语言之间交叉切换着讲，直到娴熟为止。

挑战 2-2　你已经学会如何用广东话讲价和骂人了，请把下列表格中普通话和广东话意思相近的词语连线。

普通话	广东话
便宜点儿	勿杰
五折	波搂
傻帽	平地
乡巴佬	昂高

大家注意，这里设计的关键点是先问普通话的讲法，再教广东话的讲法。大家可能会说，这并不稀奇，谁来教都会这样做。但是实际教学过程中，我们常常会忽略这一关键环节：激活旧知。

第二节 激活旧知的三个维度

挑战 2-3 请完成下面的礼仪测试题，将正确答案写在括号里

1. 参加自助餐宴请，再次取菜时应做到（ ）

　　A. 为减少服务员麻烦，应继续使用刚刚用过的餐盘

　　B. 换个座位，更换全套餐具

　　C. 不使用已经用过的餐盘，使用新的餐盘

2. 参加宴请时，如不慎将酒水溅到异性身上，以下哪种做法符合礼仪？（ ）

　　A. 立刻表示歉意

　　B. 亲自为其擦拭

　　C. 请服务员帮助

3. 排队过程中有事暂时离开，再次返回后，以下哪种做法是错误的？（ ）

　　A. 从队伍末端重新排起

　　B. 不必向原位身后的人说明直接回到原来的位置上

　　C. 向原位身后的人说明情况并获得同意回到原处继续排队

4. 看到残疾人遇到困难时应适当施以援手帮助，以下哪种做法是正确的？（ ）

　　A. 事先征得对方同意方可提供帮助

　　B. 不必征询对方，迅速直接上前帮助

　　C. 只有在残疾人向自己发出请求时才前往帮助

5. 什么是国际社会公认的"第一礼俗"？（ ）

　　A. 长者优先

　　B. 女士优先

　　C. 少儿优先

6. 在国际交往场合，对哪些人士可称为"阁下"？（ ）

　　A. 只对王室人士

　　B. 只对有爵位的人士

　　C. 地位较高的官方人士

7. 文明乘坐轮船（ ）

　　A. 可以站在船头或甲板上挥舞衣服或手帕

　　B. 晚上不可拿着手电筒乱照，以免被当成灯光信号

　　C. 如遇晕船呕吐，可以往船外水中扔垃圾、杂物

8. 文明乘坐飞机（ ）

　　A. 保持机舱整洁卫生。如因晕机呕吐，应使用专用呕吐袋

　　B. 在飞机上进餐时，不必将座椅调至正常位置

　　C. 飞行过程中可以脱下鞋子，如果是长途飞行，脱鞋后外面再罩上护袜

　　答案：1C, 2A, 3B, 4A, 5B, 6C, 7B, 8A

第一个维度：回忆原有经验

　　上面简单的挑战给了一个如何激活旧知的例子。通过测试，可以知道学习者对所讲知识已经掌握的程度，并且可以成功激活学习者大脑里的相关记忆。

　　激活旧知的主要功能在于使新旧学习任务之间能顺利地过渡衔接。老师可以通过提问、测试、演示、讨论等方法帮助学习者激活与学习新任务直接相关的旧知识。这就是梅里尔教授提出的"五星教学法"中激

活旧知的第一个维度：回忆原有经验。

第二个维度：补救原有经验

有时候，旧知识难以激活，这是因为学习者可能没有学过这一知识（该学的没有学或者没学全面），也有可能没有掌握该知识（学了却没有学会），这时就需要"补救所缺知识"，即知识的补缺。这是老师的教学任务之一。没有补救相关的旧知识，决不能匆匆忙忙地开始示证新知识的工作。

问题是，我们怎么知道学习者缺失哪些知识？所以必要的课前调查就很重要。针对学习者我们需要问这样的问题：

- 哪些内容对你而言很重要？（重要度调查）
- 哪些内容是你已经掌握的？（熟悉度调查）

如果有可能，我们还要询问学习者的领导，以了解学习者的实际情况，比如可以问：

- 学习者在工作中常犯的错误有哪些？
- 学习者感到困难的任务有哪些？
- 这些错误是所有员工都会有，还是部分员工才有？
- 学习者的绩效完成得怎样？
- 他们具备完成绩效的相关技能吗？

这些问题必须问学习者的领导，因为本人一般会抗拒回答这样的问题，或者看不清自己的问题所在。

通过这些问题，我们可以了解学习者掌握了那些旧知以及掌握的程度，为知识的补缺做好准备。

第三个维度：明晰知识结构——同化或顺应

仅仅是激活旧知或者补救旧知还是不够的，还需要"梳理旧知结构"。真正有用的不是旧知识，而是旧知识中隐含的结构。学习不只是一个信息传递过程，而是结网。

如果学习者有能用于组织新知识的心理模式，那就应该鼓励他们激活这些模式。还有一种情况是，已有的心理模式不足以充分支撑组织起新内容，那么，就应该向学习者提供能用以构建理解新知识所必需的某种框架，以此促进学习。

这里举个营销学中常见的 4P 理论来简单解释一下明晰知识结构这个概念。

美国营销学学者麦卡锡教授在 20 世纪 60 年代提出 4 大市场营销策略即 4P，分别是指：产品（product）、价格（price）、渠道（place）、促销（promotion），4P 理论是营销策略的基础。假设我们大家都已经了解 4P 理论。

那么，如果我们讨论如何制造尖叫点，好吧，那是产品的问题（product）；如果我们讨论如何制造引爆点，好吧，那是促销的问题（promotion）；如果我们讨论如何做免费模式，好吧，那是价格问题（price）。请看，在讨论这些问题时，如果我们事先激活大家脑海里的 4P 模型，这些讨论将很容易进行。

但是，如果我们讨论如何制造疼痛点，它属于哪个 P？如果我们讨论如何赢得口碑，它属于哪个 P？如果我们讨论快速迭代、让用户参与到产品设计中来，它属于哪个 P？似乎很难找到答案。

这个时候，我们发现已有心理模式不足以充分支撑新的内容，所以要向学习者提供新的框架，以构建、组织新知识，以促进学习。这个新的框架就是由美国营销专家劳特朋教授在 1990 年提出的 4C 理论。4P 是站在公司角度来说的，而 4C 则是站在消费者角度来说的，其实二者是对同样事情的不同角度的描述，本质上都是为了解决需求的满足。两者的关系见图 2-1。

这就是一个从已有知识结构到新的知识结构建构的过程。也很好地解释了什么时候激活已有结构（同化过程），什么时候提供新的知识结构（顺应过程）。

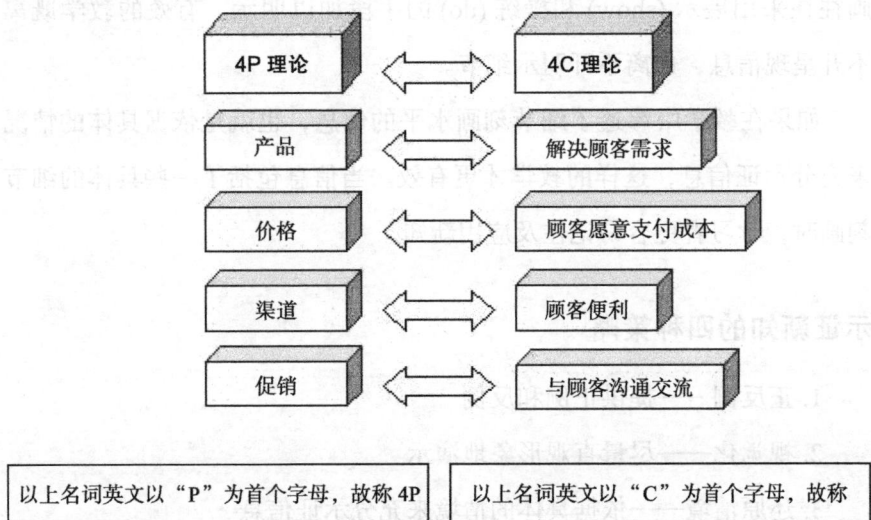

4P 理论	⟺	4C 理论
产品	⟺	解决顾客需求
价格	⟺	顾客愿意支付成本
渠道	⟺	顾客便利
促销	⟺	与顾客沟通交流

以上名词英文以 "P" 为首个字母，故称 4P　　以上名词英文以 "C" 为首个字母，故称

图　2-1

关于知识的逻辑结构，要讨论的内容很多，本文因篇幅有限先讨论到这里。《金字塔原理》也是本非常不错的关于逻辑结构方面的书，推荐大家有空可以看一看。

第三节　示证新知

信息呈现和细节刻画

示证就是展示论证的意思，教学不仅仅是展示呈现信息，还要能帮助学习者论证新知识，这样才能达到教学目的。将要学习的知识处于两种水平：一是信息 (information)；二是细节 (portrayal)。因此，示证新知就应该包含信息呈现和细节刻画这两个方面的内容。

信息呈现是概略性的、包容性的、泛指多种情况；细节刻画是限定的、具体的，特指某一情况。

信息呈现往往采用讲解 (tell) 和提问 (ask) 的手段加以呈现；细节刻画往往采用展示 (show) 和操练 (do) 的手段加以明示。有效的教学既离不开呈现信息，也离不开明示细节。

如果在教学中渗透了细节刻画水平的信息，也就是依据具体的情况来充分示证信息，这样的教学才更有效。当信息包括了一些具体的细节刻画时，学习者更容易记住及应用新知。

示证新知的四种策略

1. 正反例——提供正例和反例

2. 视觉化——尽量直观形象地演示

3. 还原情境——依据具体的情境来充分示证信息

4. 多角度——采用多种呈现表征的手段

前面两种策略是偏重信息呈现的方法，后面两种策略是偏重细节刻画的方法，下面依次展开讨论。

1. 正反例——提供正例和反例

挑战 2-4 案例讨论——问题出在哪里

一天，一位售后服务工程师接到顾客的一个电话说，他们的机器发生了故障，希望他能来为他们解决问题。那位工程师在电话上询问了情况后，发现这是一件很容易解决的问题，并在电话上告诉顾客应该怎样做。但顾客却打断他的话，坚持要求他来一趟。他觉得没有这个必要，因此想在电话上说服顾客，但他越想说服顾客，顾客越是坚持。无奈，他只好去为顾客上门服务。他到了顾客那里，顾不得与顾客寒暄就直奔故障所在，只花了五分钟时间就解决了问题。解决故障后，他对这位顾客说，这确实不是什么大问题，已经解决了。然后就匆匆离去。不想第二天经理找他谈话，问他昨天到底发生了什么事。因为那位顾客打投诉电话说，公司对顾客不重视。这位工程师感到既委屈又莫名其妙。他已经按照顾客的要求排除了故障，为什么顾客还不满意？

另一天，一家五星级酒店的销售经理接到一位顾客的电话，这位顾客在电话中语无伦次地大发脾气，责问五星级酒店的服务怎么可能牛奶是凉的，重要的电话留言居然没能通知客人，丢了东西也没能帮助找到，这些严重影响了前几天来这里下榻的公司总裁的工作。酒店的销售经理在电话上表示非常关注这件事，一边耐心地听顾客抱怨，一边关心地询问情况，但发现仍然不能平息她的怒气。于是就说："您不要着急，我立刻就来看您。"尽管这位经理亲自上门去安慰了顾客，但发生的一切毕竟已经发生了，除了口头安慰以及保证下一次一定注意之外，酒店并没有对这位顾客的投诉做任何经济赔偿。第二天顾客又打电话给那位销售经理表示歉意，并解释上次发这么大的火，主要是因为她是总裁的秘书，挨了总裁的批评，所以情绪非常坏。她在电话上感谢那位经理的担待和安慰。

讨论题：

1. 为什么那位售后服务工程师为客户解决了问题，却仍然不能令顾客满意？

2. 为什么那位销售经理对顾客的投诉并没有做出任何物质上的赔偿，却反而得到了顾客的感谢？

3. 这两个案例对你有什么启示？

这个案例通常是用在客户服务的课程培训中，想示证的新知是客户不仅需要解决问题（Result），还需要感觉好（Feel good）。为了让学习者能更好地掌握这个概念，所以设计了上面的反例和正例，并通过小组讨论的方式来进行教学。

提供正反例的方式在很多培训课程中都能见到，比如礼仪培训课程中，老师就会经常列举商务人士在礼仪上的正确做法和错误做法；比如公文写作的培训课程中，也经常会设计出在公文写作中的正确做法和错误做法并进行对比的环节，等等，从而让学习者记忆更深刻，理解更深刻。

正反例的选择要具有典型性、代表性和新颖性，特别是新颖性，千万不能用学习者都已经耳熟能详的例子，这样的例子用多了只会打击学习者的学习动机。

2. 视觉化——尽量直观形象地演示

用视觉化的方式把信息罗列出来，可以帮助学习者看到事物之间的联系。

挑战 2-5 用视觉化的方式总结下列词语的中心思想

一个好的老师常常要做到：亲和、逻辑性强、表达力强、声音好听、专业、全面、严格、权威、激情、高效、领先、和蔼、优秀、内容丰富、系统、完善、严密、抑扬顿挫、学员导向、觉察、善于引导、肢体语言合适、放松、知识渊博……

请用视觉化的方式，总结上述词语想表达的中心思想。

_____

_____

_____

我们的答案是下面的这个模型（如图 2-2）：

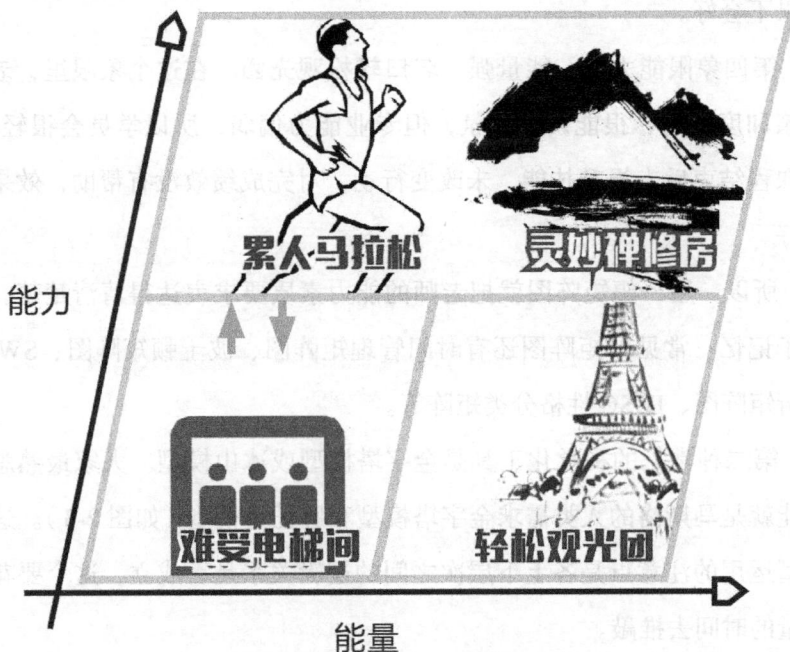

图 2-2 能力—能量模型图

这个模型有两个维度，横向是能量线，从低到高；纵向是能力线，从弱到强。能量是指老师对课堂的调动、掌控，对学员学习情况的关注和微调等。能力是指老师对专业的把握、对表达方式的精通等。我们用这个图把讲师分为四类讲师，同时把讲师的素质分成了两个维度的要求。

这两个维度形成四个象限。双高的第一象限是**灵妙禅修房**，学员置身其中妙不可言，真正地体悟到学习的乐趣并愿意发生行为的改变。

双低的第三象限是**难受电梯间**，学员置身其中就像挤进一个拥挤的电梯里，难受不堪，心里只想着快点到吧（快点下课吧）。

第二象限能力强、能量低，我们取名**累人马拉松**。在这个象限里，老师的能力很强但能量低，所以就一味强灌、强行推着学生往前走，推不动就拉，强推硬拉，学生虽然能学到一定的知识技能，但是太累了，效果不会好。

第四象限能力弱、能量强，名曰**轻松观光团**。在这个象限里，老师的亲和度很高、很能调动气氛，但专业能力偏弱，所以学员会很轻松，但课程结束后未提升技能，未改变行动，对完成绩效没有帮助，效果也不好。

所以，用一幅矩阵图就把老师的能力素质要求表达得清清楚楚，又易于记忆。常见的矩阵图还有时间管理矩阵图、波士顿矩阵图、SWOT分析矩阵图、DISC性格分类矩阵等。

第二种常见的视觉化工具是金字塔模型或冰山模型。大家最熟悉的可能就是马斯洛的人类需求金字塔模型和胜任力模型（如图 2-3）。这类模型运用的注意点是各上下层次之间的逻辑关系是否成立，这个要花费大量的时间去推敲。

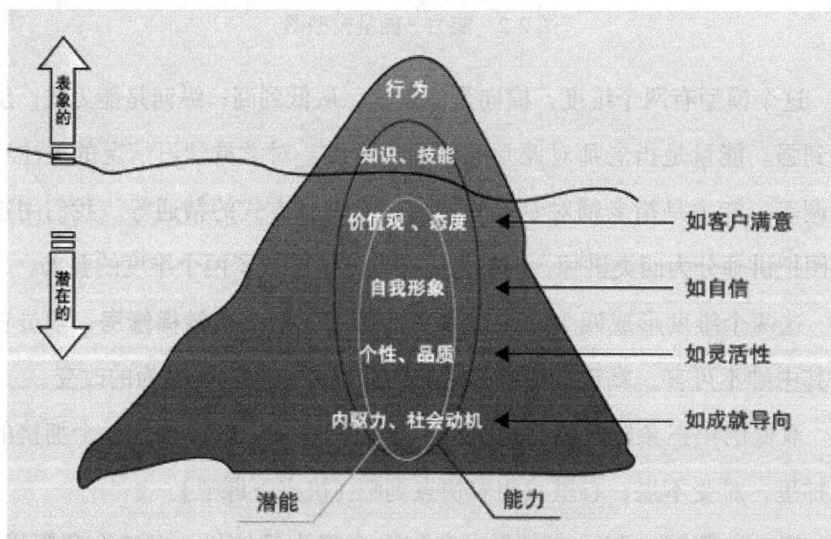

图 2-3 马斯洛的人类需求金字塔模型和胜任力模型

还有一种常见的视觉化的工具流程图，它将一系列的步骤流程化和视觉化，帮助学习者进行练习和记忆。比如下一章将要讲到的人的认知过程，这里不展开讲，只是先给大家看看流程图（见图2-4）。

图2-4　视觉化的工具流程图

当然，视觉化的方式有很多种，我们只是列举了比较常见的三种来启发大家，希望大家在此基础上不断创新。

视觉化还有一个意思就是用形象的图形、图片、图像来表达文字意义，以帮助学习者理解和记忆，就如上图和双能模型图所示，这也是最能体现创新的地方。

3. 还原情境——依据具体的情境来充分示证新知

将问题或原理置身于具体的情境下讨论，才能更好地找到问题的根本原因或更好地理解原理。比如我在讲"孙子兵法与商战"这个课程中，讲到"客绝水而来，勿迎之于水内，令半渡而击之利"的时候，就会采用"还原情境"这个策略。

"客"指敌人，称敌人为"客"，不是跟敌人客气，而是主客之客，我们是主，敌人是客，客随主便，所以孙子兵法是特别强调主动权的把握，战场上的主动权要牢牢把握在自己的手中，我的地盘我做主，所以敌人是客。

"绝水"是渡河。渡河最怕两件事，一是敌人在上游放水，一是渡水渡到一半，被敌人在岸上打，即击之半渡。

那么问题来了，敌我双方将领读的兵书是一样的，都想击之半渡，都怕被别人击之半渡，都等对方先渡，怎么办？有个天才的将领用智慧解决了这个问题，这个将领就是楚汉争霸时期的韩信。

韩信战龙且

话说韩信孤军远征，举魏国、灭代国、并赵国，以连擒三王之威进齐国，齐王就像兔子一样被韩信撵得到处乱跑，四处求救。项羽这时正在荥阳跟刘邦对峙，脱不开身，但感觉到了韩信的攻城略地带来的巨大威胁，便派出手下第一猛将龙且率20万大军北上救援齐王田广。说龙且是第一猛将可不是随便盖的，他刚打败同为猛将的九江王英布，把英布赶回了九江（现在的淮南地区）。

龙且带着亚将周兰和20万大军抵达高密，与走避在高密的齐王田广会合。

韩信从西边临淄150公里处追来，正好有条潍水迎住自己。高密就在潍水的东侧，如今属于潍坊市。两军隔潍水对峙。

要说龙且手下是有能人的，其中一个就出了这么一个主意："龙将军，汉军孤军远斗，其锋不可挡。我看不如深壁不战。然后让齐王派出使臣，去游说那些已经投降韩信的城池，就说齐王还活着，楚军20万来救，城池必然反汉。汉军2000里客居于此，城池又都反了他，则汉军不战而败。"

应该说这是一条非常好的合理化建议，如果龙且采纳了，韩信不死也要脱层皮。

这条建议还包含了兵法里的另一条著名原则："兵闻拙速，未睹巧之久也。"什么意思呢？就是说，打仗兵贵神速（哪怕排兵布阵难看点），也没有听说为了打得好看而故意延长时间的。其实这一条也是相对而言的，敌对双方一般来说是你急我不急，或我急你不急。如果有这个筹码就要好好地把握了，有时甚至是影响胜败的关键所在。像中国的抗日战争就是一个例子，日军急于决战，一战定胜负，国军中也有部分将领认为要速战速胜。但是当年毛泽东主席看出了问题的关键，在抗战初期就写下了著名的《论持久战》，指出不能速战，提出以空间换时间、积小胜为大胜的战略思路。最终被历史证明是正确的。

显然，龙且不打算利用这个筹码，他问了个问题："那么，我们的功劳在哪里呢？"言外之意是，如果我们不战，靠着齐王游说城池反叛韩信，有我们什么事儿？齐国依旧是齐王的齐国。如果我们大战一场而胜，乘胜收取韩信的占领区和城池，则齐国的一半就是我们的了。打仗图的不就是抢钱、抢地、抢娘们吗？

应该说，龙且考虑的也有道理，况且论打仗，龙且怕过谁呢？那么就战吧。

谁急谁先渡河。果然韩信更急，急不可耐地挥师渡河。就在前锋上了岸、大部队还在河里的时候，龙且不怀好意地开始攻击。一个还在水里仰攻，一个在岸上居高临下，这仗怎么打？韩信兵就像路边小贩看见了城管，闹哄哄地四处乱跑，龙且和周兰就在后面像赶鸭子一样猛追。

就在龙且和周兰都上了西岸（韩信这边的岸），韩信对部下做了个手势，说："放风筝"。没错，就是放风筝。虽然打仗的地点就在风筝的故乡潍坊，这个时候也没闲情放风筝吧？部下虽然有点不相信自己的耳朵，但是还是执行命令了。

风筝放起来了，早有埋伏在上游的汉军奇兵看到，掘开提前修建的大坝，蓄足了劲的河水像一群愤怒的公牛浩浩荡荡地涌向下游的战场，把还在河里的士兵不分楚汉，一股脑儿地冲走，同时把龙且和周兰跟他们东岸的大本营隔开。

龙且和周兰的先头部队就像城管的汽车被反拥过来的路边小贩层层包围，结果可想而知。争渡争渡，可惜一江头颅。

潍水之战，韩信大胜。这一战也是楚汉相持的一次转折性战役，歼灭了楚军20万主力，并彻底形成了对项羽的战略大包围。

之所以这么详细地描述这场战斗，就是想通过还原某一个具体场景，让大家深刻地理解兵法原理的灵活运用，兵法是死的，人是活的，所以要能举一反三。在商战中，河水就是竞争对手垒砌的商业壁垒，如何攻克突破？如何不被对手击之半渡？都要依据具体情况具体分析，千万不能照搬书本。

示证新知的这一策略：还原情境，也要求老师在讲授理论和原理时，要置于具体的场景来讲，才能让学习者真正地领悟和掌握。

4. 多角度——采用多种呈现表征的手段

唐代诗人李峤写了一首描写风的小诗。

解落三秋叶，能开二月花。

过江千尺浪，入竹万竿斜。

这首诗非常形象又巧妙地描写了看不见摸不着的"风"。它从多个角度：三秋的树叶、二月的红花、江上的浪花、倾斜的竹林，让我们看见了"风"，感觉到了"风"。它给我们的启发是，教学要从多个角度去启发学习者，才有可能让学习者举一反三，真正领悟。

这里再举一个实际的培训课程案例，我的朋友李会华先生是劳动法方面的专家和专业律师，经常应邀去企业内部讲授相关课程，其中有一个经常讲解的内容是"劳动关系管理",里面有一个知识点是"劳务派遣",他是这样设计的(节选部分内容)。

1.劳务派遣的定义

是指劳务派遣单位与接受单位签订劳务派遣协议,由劳务派遣单位招用雇员并派遣该劳动者到接受单位工作,劳动者和劳务派遣机构从中获得收入的经济活动。

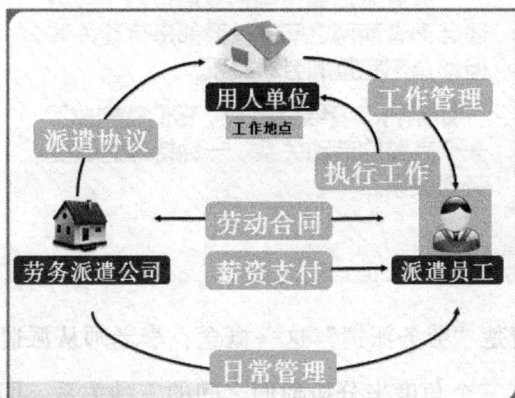

2. 劳务派遣的性质

三种主体

三重关系

它的本质特征是**雇佣**和**使用**相分离

有劳动
没关系

劳动者

派遣机构   用工单位

有关系没劳动

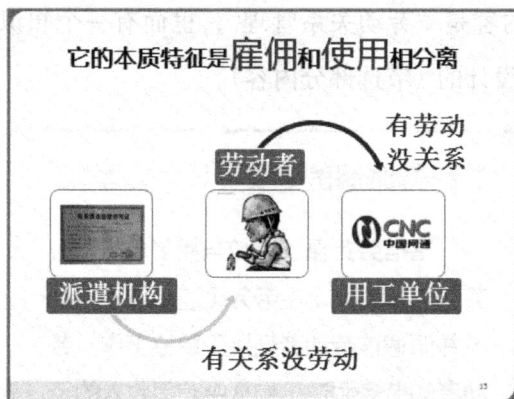

3.劳务派遣的劳动关系

　　劳务派遣单位与接受单位对于被派遣劳动者两两之间的关系都是劳动关系，但都是不完整的劳动关系。

　　如果将二者结合起来，它们就构成了一个完整的劳动关系，一种特殊的组合劳动关系。

　　为了讲解清楚"劳务派遣"这一概念，李老师从派遣公司、用人单位、被派遣员工三个角度来分析他们之间的三种关系，即派遣公司和用人单位签订的派遣协议、派遣公司和被派员工签订的是劳动合同、被派员工和用人单位是工作管理和执行工作的关系。这种用工情况的本质是雇佣和使用相分离：派遣机构和劳动者是有关系没劳动；劳动者和用工单位是有劳动没关系。

重 点

1. 劳务派遣的劳动关系（难点）
2. 劳务派遣机构的管理
3. 用工单位的责任
4. 劳动者的权益
5. 劳务派遣中劳动争议的处理（难点）

整个"劳动派遣"讲完会有更多的内容，见上面PPT，因篇幅关系，这里只节选"劳动派遣定义"部分。

还有一种情况是，横看成岭侧成峰、远近高低各不同。站在不同角度看同一个事物，得到的结果也会不同，所以要从多角度看，这样才能全面了解。这样教学，学习者才能学得更全面。

经济学家张五常写的一篇文章《思考的方法》里提到一个例子，我这里用来挑战一下大家。

挑战 2-6　你怎么认为

某个工厂为了生产，对邻近的物业造成污染而有所损害。大家都认为政府应该采取办法去压制工厂的生产，从而减少邻近物业的损失。你是怎么认为的？

_____

_____

_____

这个老问题到了高斯的手上，他就将角度倒转了："压制工厂生产，就等于邻近的业主对工厂有所损害，究竟要被压制的应是哪一方？可不可以由业主出钱来换取工厂的减产?"著名的获得诺贝尔经济学奖的科斯定律(产权经济学研究的基础,其核心内容是关于交易费用的论断)就是由此得出的。

其实高斯用的方法就是换个角度,从大家惯常认为的工厂换到业主身上,马上思路就焕然一新。

运用示证新知四种策略(正反例、视觉化、还原情境、多角度)的另一个重要原因是:人类的大脑被设计成多个功能区,每个区域对不同类型的信息感知度不一样,有些区域对图像敏感,有些区域对声像敏感,有些擅长情景记忆,有些擅长语义记忆,有些擅长知觉性加工,有些擅长概念性加工等。下一章节会更详细地讨论这些认知规律,以及这些认知规律对课程设计的指导意义。

第三章

基于认知规律的敏捷开发

学习新知识需要花费时间，这些知识的掌握、理解和转化为长时记忆需要更多的加工时间，包括练习时间、反思时间、回顾时间、沉淀时间和等待时间。因此，并非学的知识越多，注意时间越长，学习者获得就越多。相反，我们需要知道的三个事实是：少就是多；短就是多；慢就是多。

第一节　关于学习的三个事实

少就是多

这是从教学内容来说的。由于学习者工作记忆容量有限，一次性处理的新项目数目在 7 个左右。如果老师为了完成教学任务，在一堂课中讲了尽可能多的知识，并且砍掉那些看似额外或没有价值的活动，如反思、讨论、同伴分享等，其实就违背了认知的基本规律，不利于学习者学习。

同时，短时记忆的材料要转化为长时记忆，需要学习者进行有意义的学习，让学习者通过一种对个人有意义的方式来巩固和内化信息，从而达到对知识的理解。因此，老师应该讲授核心的概念，并通过各种方式和途径，将其与学习者的已有经验紧密联结，产生有意义的学习。这样习得的知识具有更大的迁移价值。

如果老师一次性教给学习者过多的知识，而没有时间让学习者去建立意义，学习者就很难真正理解这些知识，也就很难记住这些知识。因此，与其讲很多概念和知识，不如将少数核心的概念讲透，与学习者的生活经验联系起来，这样学习者对这些核心概念的理解就会更加深刻，其学习迁移能力也就更强。这还是建构主义的观点。

短就是多

这是从教学过程安排来说的。一方面，由于学习者的有意注意时间较短，往往只有一二十分钟。所以，让学习者在课堂上长时间集中注意力去学习一样东西，是比较困难的，违背了大脑自然的运作规律。为此，课堂中每项需要集中注意力的学习活动时间要控制在 20 分钟之内，以确保学习者真正投入其中。

另一方面，从记忆规律的首因—近因效应来看，一堂课中多安排几项活动，其实就是多创造了几个首因时段和近因时段，这也有利于学习者的记忆和保持。

慢就是多

这是从教学节奏来说的。由于大脑学习与记忆有一个遗忘的过程，没有重复学习的过程，很多知识是不会进入长时记忆的。慢下来，让学习者不断回顾所学内容，对所学内容进行练习与加工，赋予学习新的意义。

回顾时间要安排得合理，要根据学习遗忘曲线来进行。巴洛格（Balogh）提出了一个"20—2—20"原则。

20= 在 20 分钟内重新解释。在一堂课的头 20 分钟之内，让学习者用不同的形式，如同伴讨论、课堂讨论、重新解释他们刚学的内容。

2= 在两天内复习并应用。在开始学习的头两天内，巴洛格要求学习者复习并应用新的知识。经常采用的形式有思维导图、写作片段或相关的问题解决。

20= 在 20 天内反思和更多地应用。形式可以有辩论、写作、角色扮演、讨论、小组分享等。

这种方法看似多花了时间，节奏慢了下来，但是让学习者对知识的掌握更加牢固，留在大脑中的知识其实更多。

一个大家普遍接受的认知过程是下图所描述的七个步骤：信息输入、引起注意、短时记忆、加工编码、长期（时）记忆、唤醒提取、实际应用。信息输入和引起注意前面已经讨论过，这里主要研究学习和记忆的关系，以及如何快速敏捷地进行加工编码。

第二节　学习与记忆

学习与记忆涉及一系列阶段。呈现学习材料时的阶段称为编码（encoding），这是第一阶段。编码的结果是，一些信息被贮存于记忆系统中。因而，贮存（storage）是第二阶段。第三阶段，也是最后一个阶段，就是提取（retrieval）。提取涉及从记忆系统中恢复或抽取所贮存信息的过程。

这些过程只有在记忆系统的整个结构下运作才会变得积极主动和有意义。正如 Tulving 和 Thomson 所指出的，"只有贮存过的信息才能被提取，而且……信息怎样被提取出来依赖于它是怎样被贮存的"。

在这里需要强调的是，本书不是一本讨论学科理论的教科书，而是一本强调学科理论在实际教学中的应用和转化的工具书，因此不需要大家成为认知心理学方面的专家，而是理论结合实际，运用理论来指导我们的教学设计。

两个有趣的实验

为了研究记忆过程和结构，科学家设计了大量的实验，从而帮助认识记忆的过程和大脑的结构原理。这里介绍其中两个有趣的实验。

实验一

Robbins 等（1996）针对业余和专业国际象棋选手设计了这样的实验，被试的主要任务是从各种可能性中选择一组连续且恰当的行棋方案，在完成这个的任务的同时，被试还需要做下面的事情（次级任务，任选一种）。

- 重复打击：这是控制条件。
- 随机数字产生：这与中枢执行系统有关。
- 顺时针方向按计算机键盘：这需要使用视空信息处理器。
- 迅速重复单词 see-saw，这一过程使用了语音环。

实验结果如图 3-1 所示。

图 3-1 表明，重复单词（发音抑制）对棋手选择行棋方案的质量几乎没有影响，但其他两个次级任务对选手的影响极大（专业选手和业余选手都一样）。说明决定行棋方案需要中枢执行系统和视空图像处理器的参与，但基本上与语音环无关。对于专业和业余棋手来说，同时操作两项任务的成绩接近，说明两组被试以相同的方式运用工作记忆。

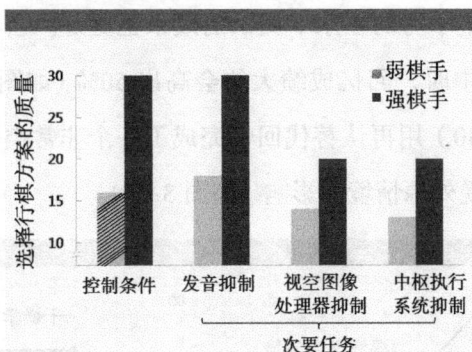

图 3-1 次要任务对强棋手和弱棋手选择行棋方案质量的影响

资料来源：引自 Robbins 等（1996）。

同时，越来越多的证据表明，中枢执行系统在进行整体判断方面并不是唯一起最终决定作用的因素。

例如，Eslinger 和 Damasio（1985）对前会计师 EVR 进行了研究。EVR 曾因脑部肿瘤而实施过外科切除手术。他智商颇高，在完成推理、抵御分心和记忆干扰等测验上成绩不错，这似乎说明他的中枢执行系统是基本完好的。但是，他的判断和决策能力却很差（例如他常常需要花上数小时来决定他应该去哪里吃饭）。结果，他试过很多工作，但最终都被解雇了。

我们大致可以认定，患者 EVR 的中枢执行系统有一部分是完整的，有一部分是损伤的。这一点暗示中枢执行系统可能由两个或多个成分系统构成。这些证据与越来越多的证据支持注意系统并不是一个单一系统的观点是一致的。

实验二

Godden 和 Baddeley（1975）设计了这样的实验，要求被试在陆地或 20 英尺水下学习一个词表，然后在陆地或水下给他们一个自由回忆测试（不要求严格顺序的）。那些在陆地上学习的被试在陆地上回忆得更好，而那些在水下学习的在水下测试的效果也更好。当学习和回忆发生在同一外源情境中时，回忆成绩大约会高出 50%（如图 3-2a）。Godden 和 Baddeley（1980）用再认替代回忆完成了一个非常类似的研究。结果表明再认成绩不受外源情境的影响（如图 3-2b）。

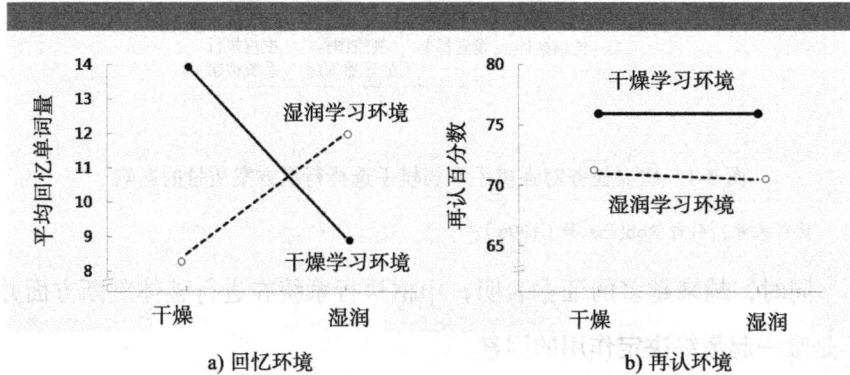

图　3-2

a) 在同一情境和不同情境的回忆成绩。数据引自 Godden 和 Baddeley(1975)

b) 在同一情境和不同情境中的再认成绩。数据引自 Godden 和 Baddeley(1980)

该实验表明，人们可以运用各种策略去回忆或再认所贮存的信息，而过去研究者们通常假设回忆和再认的发生只能通过一种方式。记忆似乎受记忆痕迹的本质和提取环境中可资利用的信息二者的共同影响，强调提取时情境信息的作用也很有价值。

同时，再认通常会被认为比回忆要好一些。是因为基于以下两个假设：

• 回忆首先涉及的是一个搜索或提取过程，随后是一个以被提取信息的合适性为基础的决定或再认过程。

• 再认只涉及这些过程的第二部分，即决定过程。

Tulving 认为再认对于回忆的一般优势效应应从两方面加以解释。第一，包含于记忆测验与记忆痕迹中的信息交叉在再认测验中要大于回忆测验中，因为再认呈现了一个完整的项目。第二，回忆比再认需要更大量的信息交叉。原因是回忆需要命名一个过去事件，而再认只需要判断熟悉性。

这个实验也间接地给出了情景记忆和语义记忆的这两种记忆模式存在的证据。

情景记忆和语义记忆

情景记忆指对发生于特定时间、地点的特定事件或情节的贮存（与提取）。比如，你今天早餐吃了什么的记忆即是情景记忆的例子。相反，语义记忆包含我们关于客观世界的知识。Tulving（1972）对语义记忆给出了如下定义：

它就是一部心理词典，知识结构富有组织性。它包括一个人拥有的关于词汇以及其他语言符号，其意义和所指的事物，和它们之间的关系。它还包括关于操作这些符号、概念和关系的规则、公式和算法的知识。

Vargha-Khadem（1997）研究了两例遗忘症患者。患者 Beth 在出生时相关大脑结构受到了损伤，而患者 Jon 在 4 岁时遭受了同样的损伤。这两位患者均对日常活动、电视节目以及电话交谈等的情景记忆很差。但除了上述问题，Beth 和 Jon 均在正常学校上学，而且她们的言语和语言发展水平、文化素养以及客观知识（如词汇量）均在正常范围。

我们怎样理解 Beth 和 Jon 在情景记忆出现严重缺陷的情况下发展出了相对正常的语义记忆这一现象？根据 Vargha-Khadem（1997）等的观点，情景和语义记忆在某种程度上分别依赖于不同的大脑区域："情景记忆主要依赖于一个更大系统的海马成分，即海马以及其下的内嗅皮质、鼻周皮质和侧海马皮质，而语义记忆则主要依赖于海马下皮质结构。"

无论如何，绝大多数认知神经心理学家认可下列假设：

- 认知系统具有模块化特点。也就是说，认知系统由相对独立的认知过程或模块组成。每一个模块在某种程度上来说都独立于其他模块而工作。一般来说，脑损伤只是损害了其中的一些模块。
- 大脑的物理组织与心理结构之间存在具有重要意义的对应关系。这一假说被称为心脑同形观。
- 研究脑损伤患者的认知功能可帮助研究者了解正常人的认知机制。需要指出的是，这一假说是与上述其他假设紧密联系在一起的。

对我们的启发是：为同一学习内容的学生提供多重学习背景，可以最大化地建立神经元之间联系的数目。我们学习同一内容的方式越多——在多重背景下运用多重智力，用不同的媒介激发多重情绪反应——学习效果就越好。

这里展开讨论常用的视听教学方法的敏捷开发方法，所谓敏捷就是快速、简单的意思。更多的教学方法的设计技巧将在第八章详细介绍。

第三节 视听教学设计

1946 年，美国教育技术专家埃德加·戴尔（Edger Dale）在他的《视听教学法》一书中，研究了录音、广播等视听教学手段怎样在教学中使用，会产生怎样的教学效果等一系列问题，提出了相关的教学理论，这就是视听教学理论。由于戴尔把人类获取知识的各种途径和方法概括为一个"经验之塔"来系列描述，因此，人们又将这一理论称为"经验之塔"理论。

戴尔认为人类学习主要通过两个途径来获得知识，一是由自身的直接经验获取，一是通过间接经验获取。他提出的"经验之塔"理论把人类学习的经验依据抽象程度的不同分成三类十个层次，如图 3-3 所示。

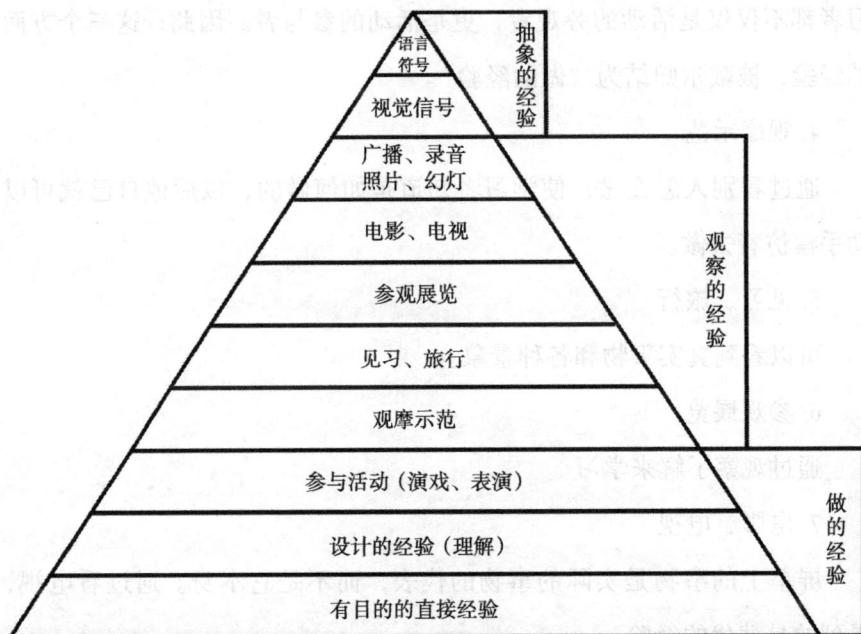

图 3-3 戴尔的经验之塔

1. 有目的的直接经验

戴尔认为经验之塔的底层是直接的经验，是直接与真实事物本身接触的经验，是最丰富的具体经验。即通过对事物的看、听、尝、嗅、做取得的经验。

2. 设计的经验

这是"真实的改编"，这种改编，足以使人们对真实更易理解。如制作模型，尽管模式与原物相比，其大小和复杂程度有所不同，但通过制作模型，可以产生比用实物教学更好的效果。

3. 参与活动（表演、演戏）

通过演戏、表演，感受那些在正常情形无法获得的感情上和观念上的体验。

以上三个方面的经验，都包含有亲自的活动，在这三种方式中，学习者都不仅仅是活动的旁观者，更是活动的参与者。因此，这三个方面的经验，被戴尔归结为"做的经验"。

4. 观摩示范

通过看别人怎么做，使学习者知道是如何做的，以后他自己就可以动手模仿着去做。

5. 见习、旅行

可以看到真实事物和各种景象。

6. 参观展览

通过观察了解来学习。

7. 电影、电视

屏幕上的事物是实际的事物的代表，而不是它本身。通过看电视，得到的是替代的经验。

8. 广播、录音、照片、幻灯片

广播、录音、照片、幻灯介于做的经验与抽象经验之间，既能为学习者提供必要的感性材料，容易理解，容易记忆，又便于借助其解说或对培训者进行提示、依据和总结。

9. 视觉信号

主要是指表达一定含义的图形、模拟图形等抽象符号。

10. 语言符号

包括口头语言和书面语言（即文字符号）两种，是一种纯粹的抽象。

其中1～3项属于做的经验，即通过亲身对事物的接触与实践去获得事物的信息；4～8项属于观察的经验，即通过观察事物和载有事物信息的媒体去间接获得事物的信息；9～10项属于抽象的经验，即通过抽象符号的媒体去获得事物的信息。

戴尔之所以提出"经验之塔"理论，是让人们认识人类的认知途径，根据人类的这种"从简单到复杂，从形象到抽象，形象和抽象相结合的认知规律"，选择合理的学习方式，使自身的认知过程符合这一认知规律，达到最佳的学习效果。

戴尔的"经验之塔"是一种形象化的比拟，用来说明学习经验以直接参与到用图像代替，再用抽象符号表示的逐步发展过程。依照心理学的概念来划分：

塔的底部（做的经验）可称为实物直观；

塔的中部（观察的经验）可称为模象直观；

塔的顶部（抽象的经验）可称为语言直观。

由于实物直观不容易突出客观事物的本质特征，容易把学习者的注意力引向事物的非本质方面，并常受时间和空间的限制，而语言直观所依靠的表象是神经暂时联系的恢复，其反映的事物的鲜明性和可靠性都不如知觉，因此弃二者之短的模象直观（视听的经验）就有了重要意义。

戴尔认为，在将现实的感觉事物一般化的时候起到有力的媒介作用的就是半具体化、半抽象化的视听教材。

他还指出，教学中所采用的媒体越是多样化，所形成的概念就越丰富越牢固。如今网络的出现、各种视听辅助教具的利用，使塔的中部模象直观得以特别增强，并更容易转向塔的两端：抽象概念化和具体实际化。在培训活动中，白板、大白纸、投影仪、录音带、幻灯片、电影剪辑材料、音乐等多种媒介的使用，正是遵循了戴尔所提出的"媒体越多样化，所形成的概念就越牢固"的原理和指导思想。

在了解了戴尔经验之塔的"三大类十大层次"之后，培训者需要将其理论体系整理出一个要点来，以更好地应用到企业培训的实际当中。

"经验之塔"的理论要点

1. 塔的底层经验

该经验是直接、具体的，学习时最容易理解，也便于记忆。塔的顶层经验最抽象，易于获得概念，便于应用。

2. 学习方法

教育应从具体经验入手，逐步过渡到抽象，这是有效的学习方法。

3. 教育升华

教育不能止于直接经验，不能过于具体化，而必须上升到理论，发展思维，形成概念。

4. 替代经验

位于塔的中部的是替代经验，它能冲破时空的限制，弥补学习者直接经验的不足，且易于培养学习者的观察能力。

5. 形成科学的抽象

在教学中，应用各种教学媒体，以使教育更为具体，从而形成科学的抽象。

"经验之塔"理论所阐述的是经验抽象程度的关系，符合人们认识事物由具体到抽象、由感性到理性、由个别到一般的认识规律。它不仅是视听教育理论的基础，也是现代教育技术的重要理论之一。

下面我们先来看一段视频（录音文字）。这段视频在很多演讲课程中都会被引用到，确实非常经典，那就是电视剧《亮剑》中赵刚政委对俘虏兵的一段讲话。我们边看文字边思考：为什么我说这段视频素材很经典？

《亮剑》 赵刚演讲

我今天不是来训话的，我是来和大家认识一下，顺便呢，聊聊天，我叫赵刚，论年龄呢，恐怕比诸位大一些，就算是个兄长吧。诸位，都是我的弟兄，都不要拘束，有什么话就说，有什么问题就问。"这位兄弟，你是哪个部队的？""报告长官，我是第五军的，""你呢？""报告长官，我是十八军的，"都是好部队啊，"长官，真的这么认为吗？"没错，我这么说是有根据的，就说十八军吧，淞沪会战时，和日军王牌部队十一师团，在罗店交手，打出了中国军人的威风，六十七师师长，李树森将军负重伤，二零一旅旅长蔡炳炎将军阵亡，部队伤亡过半，可是十八军呢，没有一个部队，擅自放弃阵地后退，没有一个士兵临阵脱逃。第五军也是好样的，当年血战昆仑关，和号称"钢军"的日军第五师团，交战十三天，击毙日军二十一旅团，少将旅团长中村正雄，就冲这个，我赵刚佩服。"长官，你还记得这些"，不光我记得，我相信，所有具有爱国心的中国人，都会永远记住。你们在抵抗侵略，争取民族独立的战场上，所建立的功勋，是谁也抹杀不了的。我刚才说了，第五军和第十八军，都是优秀的部队，事情走到今天这一步，责任不在军人，而在蒋介石的独裁政府。抗战胜利后，各民族党派，要求成立联合政府，通过广泛的民主选举，选出执政党，共同治理国家。可是，蒋介石政府呢，要搞独裁，压制别的党派，在政治上搞法西斯式的统治，把中国变成警察国家，连社会名流的生命安全都得不到保障，闻一多先生和李公朴先生被暗杀，这就是个例子。在经济上呢，蒋介石政府要维护四大家族的利益，民不聊生，通货膨胀。这样一个独裁、腐败、黑暗的政府，难道不应该推翻它吗？古人说，纣无道，起而伐之，庆父不死，鲁难未已。弟兄们，现在是到了决定一个民族前途的时候了，每一个有良知的中国人，都应该做出自己的选择。我赵刚的选择是要民主，要自由，推翻独裁统治，打倒法西斯独裁政府，建立一个人民当家做主的新中国。

弟兄们，你们中间呢，有一部分人的家乡，在我们的解放区，你们知道吗？解放区的老百姓，正在搞土地改革，所有的穷人都分到了土地，你们的亲人来信了吗？"长官，我来自山东的，我们家乡也在分田，我家分了八亩地，还分了一头牛呢，"那我祝贺你啊，兄弟，你们家从此有盼头了，有了自家的土地，给一座金山也不换啊。可是兄弟，咱们有了土地，人家蒋介石不干，总想方设法要给抢回去，咱怎么办呢，"那我就跟他拼命，"说得好，我们要拿起枪，保卫胜利果实，跟他拼命。弟兄们，我不勉强你们，现在，有谁愿意回乡种地的，我马上给路费开路条，有愿意留下来参加解放军的，我们一律欢迎，从今往后，我们就是兄弟，同志和战友，弟兄们，你们可以选择，"长官，我们哪儿也不去就跟着共产党干了，""对，跟着共产党干了。"

这段视频通常用于讲解"演讲"课程中的"演讲的逻辑结构"。赵政委这段话的结构确实非常严谨，简直滴水不漏：（1）你们都是好样的，比如第五军和第十八军；（2）这么好的兵为什么会被我们打败了呢？不怪你们，怪国民党和蒋介石的统治；（3）跟着蒋介石打败仗，跟着我们有好处，怎么选择你们看着办。所以演讲的结构很严谨。

这段视频的时间长短也刚刚好，就 5 分钟。而且这段视频的内容相对独立，不需要看前面的剧情，就明白赵政委在说什么。

所以，选择电影电视中的视频片段作为教学素材是一个相当省时省力也比较常见的做法。那么选择什么样的视频素材是比较合适的呢？根据笔者的经验，有以下几点：

- 与培训主题吻合，不牵强
- 视频时间短，不超过 5 分钟
- 情节冲突性强，有引导和发挥空间
- 内容相对独立，不需要了解前后剧情
- 有一定的戏剧性，能吸引学习者看下去

第四节　不是学习的学习时间

前文说过，学习新知识需要花费时间，这些知识的掌握、理解和转化为长时记忆需要更多的加工时间，包括练习时间、反思时间、回顾时间、沉淀时间和等待时间。其中，反思时间、停工时间、等待时间往往被老师所忽略，这里重点讨论一下这三个时间的作用。

反思时间

脑科学研究表明，脑的神经联结在形成之后需要时间进行巩固和安置。因此，大脑需要"安置时间"。新知识学习越紧张，反思的时间就必须越长，但是这个时间是必需的并且富有价值。

它给学习者提供了内化知识的机会，使学习变得个人化、有目的、有意义、有关联，促使大脑彻底理解新的概念并使之成为有意义的识记。其中，学习材料的新颖性和复杂性与学习者需要的加工时间成正比，而学习者的背景知识与学习者需要的加工时间成反比。

停工时间

除了必要的反思时间外，一些研究表明，休息仍然是大脑进行重要工作的时机。大脑在短时间内根本无法组织、整理和存储太多的新材料。我们给学习者少量信息、足够的加工时间以及从任务中脱离出来的休息时间，这就使得神经元能够更牢固地联结在一起，从而形成长时记忆。

由于深度学习需要时间在大脑中组织、整合和储存信息。新信息必须通过所有步骤而后稳定、沉淀在大脑中，之后更多其他信息才能再进入。需要多少时间，取决于所学知识的复杂程度、难度和学习者的背景知识。学习者对材料越熟悉，就越容易理解，所需要的加工和沉淀时间就越短。学习简单材料或精心复述加工的学生在复习一些旧知识时，每20 ~ 25分钟就需要1 ~ 2分钟的沉淀时间，而学习复杂、较难、较新的内容也许每10 ~ 15分钟就需要2 ~ 5分钟的沉淀时间。

由此可见，停工、沉淀、反思时间是个体深度加工新知识和技能的必要时间，并非消极时间。在这些时间内，老师可以安排学习者做一些轻松的活动，如伸展肢体、休息、小组活动、同伴分享等。当然、课后的散步、课间休息、午餐时间、回家、暂停等也都是重要的"停工时间"。

总之，不能让学习者一直集中注意力坐在那里，也不能一成不变地反复训练，这些都不符合大脑的学习原理。大脑的"停工时间"其实并非无意义的浪费，而是促进长时记忆转化的必要时间。在一堂课中，每一二十分钟安排一次脑休息，是提高学习效果的重要原则。沉淀时期只需要做一件事情：离开新的学习，大脑必须休息。让学习者做些杂事、吃吃点心、听听音乐，或者随意在教室里走动，都是恰当的"停工方式"。

等待时间

等待时间是指老师提出问题，要求第一个学习者做出回答之前的一段沉默时间，或者学习者被叫到之后，暂时没有回答出来（或回答错误），老师给学习者思考的时间。令人遗憾的是，等待时间没有引起老师的足够重视。

玛丽·罗（Mary Rowe）和其他研究者进行的研究显示，高中教师的平均等待时间才一秒多，小学教师的平均等待时间为三秒钟。对于提取慢的学生，这些时间是不够的。他们中的许多人可能知道正确答案，这些答案储存在长时记忆中，只是需要将之提取到工作记忆中。这时只要老师叫起来第一个同学，其他同学就停止了提取加工，失去了再学习的机会。罗发现，当教师延长等待时间到 5 秒钟，或更长时间，就会发生下列情况：

- 学生回答的长度和质量增加
- 学习慢的同学更多地参与
- 学生使用更多证据支持推断
- 更多的高级思维反应

虽然我没有找到针对成年人学习的这类研究成果，但是我相信：等待时间对成人学习者同样具有重要意义。老师要敢于留出等待时间，不要担心提出问题后的短暂沉默，甚至视这段沉默时间为尴尬时间。

下篇

课程设计路径图

当你在了解了以上认知原理的基础时，是不是迫不及待想动手来开发一门课程呢？那我们现在就开始一个课程的开发之旅吧！

挑战：现在有一个课程开发地图，请仔细思考一下，尝试在设计开发路径上填上相应的步骤站点。

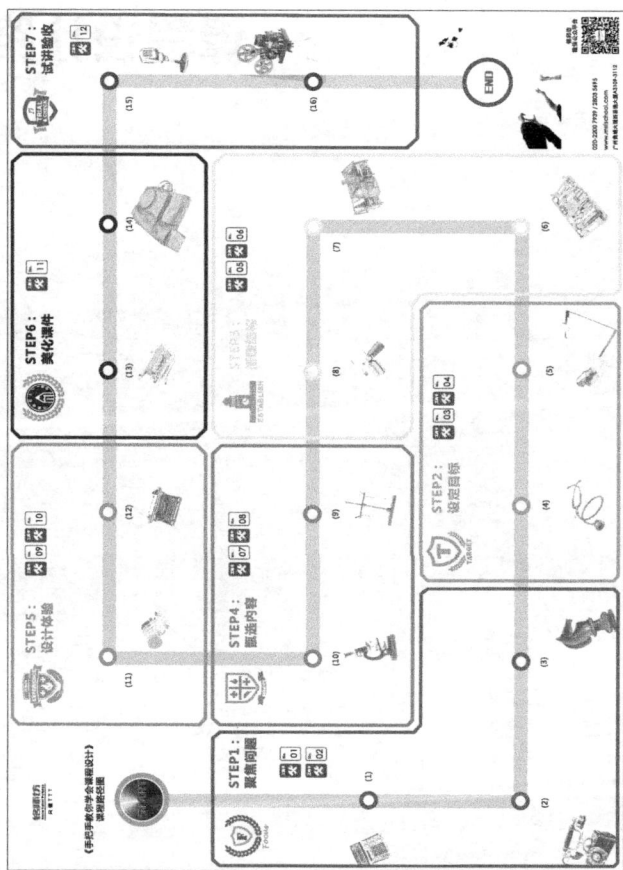

请选择一下站点

1. 情境教学设计　　2. 需求分析　　　3. 收集素材　　　4. 制作课程大纲

5. 教学流程创新　　6. 确定选题　　　7. 搭建结构　　　8. 分析重点

9. 教学方法设计　　10. 安排试讲　　11. 美化 PPT　　12. 形成课件包

13. 拟定标题　　　　14. 撰写目标　　15. 体验教学设计 16. 组织验收

现在对照一下建议路径。

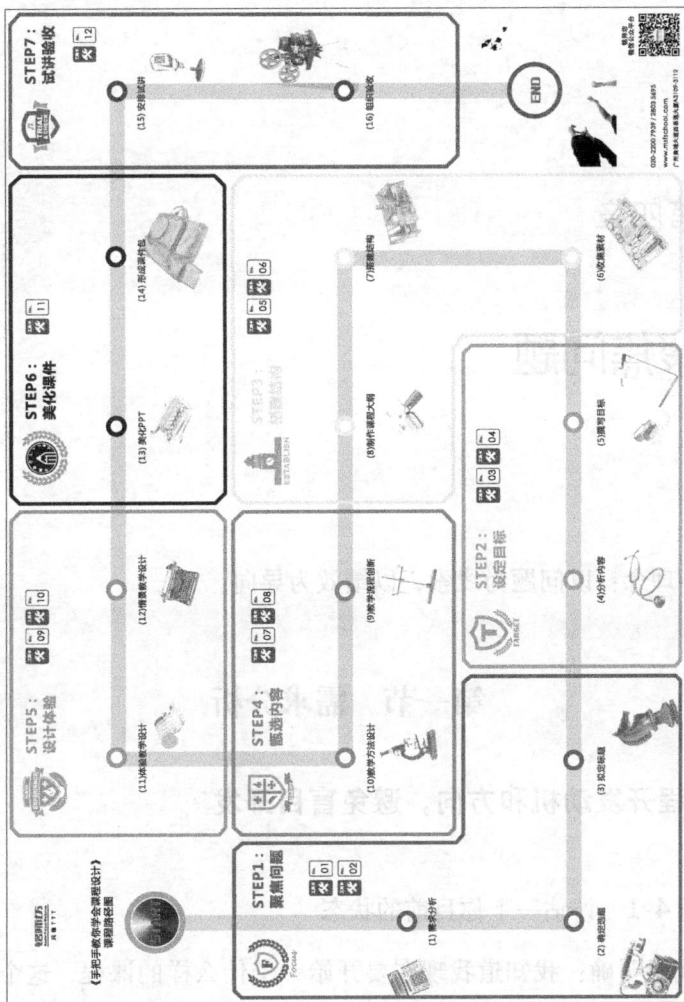

图注：

1. 以上仅为建议的课程开发路径；

2. 没有严格的前后区别，个别步骤可以同时进行。

当你脑海中有了课程开发的行走路径时，我们就从第一步来开始一个全新课程的开发。

第四章

聚焦问题

核心理念：以问题为线索，以绩效为导向。

第一节　需求分析

明确课程开发动机和方向，避免盲目开发

挑战 4-1　评估一下你目前的状态

1. 我很明确：我知道我现在要开始一个什么样的课程，这个课程对我来说很重要，因为……；

2. 我很犹豫：我现在有好几个课程想要开发，有上司让我开发的，有自己感兴趣的，有业务团队需要的，我也不清楚先从哪个开始；

3. 我没什么方向：我就是感兴趣，想试着做一下，但是也没有什么具体的课程开发任务；

4. 我想优化：我原来有一个课程，但是不够理想，我想优化一下，

让课程更精彩；

　　5. 我没信心：我有兴趣去独立开发一门课程，但是不知从何处开始。

自我评估

· 你现在是第几种状态？

· 我的状态是什么？

导师建议

· 如果你现是在第一种状态，那么恭喜你，你现在已经做好充分的
思考，可以开始一门课程开发了；

· 如果你现在是处于其他的四种状态，那你现在还没有明确的方向，
建议通过以下问题来找到自己内心的学习动机。

· 我为什么要开发一门课程？

_____

_____

_____

· 我希望这个课程的价值是什么？

_____

_____

_____

· 我希望获得的理想成果是什么？

_____

_____

_____

· 我希望在课程开发里，自己收获什么？

_____

_____

_____

反思

为什么让大家做上面的自我对话呢？

因为我看到很多老师，在课程开发前非常茫然，一个茫然的开始注定有一个未知的结果，希望大家明确自己开始一段旅程的初衷，并清楚自己要去的方向在哪里。

明辨课程开发的需求

通常，大多数内训师得到一个明确、具体的培训需求，这时请保持清醒的头脑。

发出指令的可能是这三类人：

- 培训组织方：HR 部门或业务部门；
- 业务部门领导；
- 你的直接领导。

例如，某位领导说："现在感觉大家积极性不够高，来开发一个阳光心态的培训吧，提升一下团队凝聚力和积极正面的心态，让我们团队更有正能量。"

业务部门说："一线业务团队水平不够，给我们来一个提升销售能力的培训。"

HR 部门说："感觉现在公司大家执行效率不高，搞个执行力的培训吧！"

是否就开始着手研发课程呢？且慢，让我们再多思考两个问题。

第一，这个问题是培训可以解决的吗？

当我们接到一个培训需求时，先要问的问题是："为什么会出现这个问题？"找到病根，才知道"培训"这剂药是否对症。

拿上面的三个例子来说明：

• 积极性不高的原因是什么？

可能会有多种因素导致，如果是因为市场不佳、业绩不高、奖金没发等原因造成的积极性不高，并不是由培训可以解决的。

• 水平不高，具体是指哪方面的水平不高？

如果是拜访客户的经验不足、谈判技巧等问题，是可以通过培训达成一定效果；

但如果是成员积极性不够导致的动力不足，显示出来是销售力不强，那反而需要业务部门自己找原因。

• 执行力不够，具体体现在哪些方面？导致这些问题产生的原因是
  什么？

有位老师在接到这个课题时，通过步步追问，原来是由于跨部门之间的沟通差，造成决策慢，影响的执行效率低，那应该讲的是"跨部门沟通"，而不是执行力，所以要聚焦，而不要笼统。

培训师通常有一个惯性思维，认为培训可以解决的问题很多，实际上，通过培训可以解决的问题是很局限的，美国从事培训30多年的培训大师鲍勃·派克（Bob Pike）说过："培训是第六个解决方案。"先要排查是不是经营策略、市场变化、公司政策、业务流程等问题导致的问题，而更适合培训解决的问题是：

• 懂和不懂的问题：知识类的培训

• 会和不会的问题：技能类的培训

• 做得差和做得好的问题：提升效率、提升绩效的问题

培训较难解决的是：不愿做、不想做的问题，如意愿类的、态度类的，这需要具体情况具体分析，了解失去动力的原因有哪些，而大部分的原因不是培训可以解决的。

第二，可以给我什么样的资源和支持？

这个问题很重要但是常常被忽略，资源的大小和支持的力度在一定程度上决定了培训效果的好与坏。

一个真实的案例：某位培训经理接到公司老总的指令，需要培养一批培训师，为了节省费用，不请外面的咨询公司，同时为避免耽误业务工作时间，上三小时的培训课就可以了，要求能至少制作出 10 个以上的课件并立即可以登台上课。

这个指令可以实现吗？显然是不可能的，而这个经理还抱着这个指令开始工作了，结果可想而知。

俗话说："会哭的孩子有奶吃，不会哭的孩子只能饿肚子。"我们一定要有意识寻求更多的资源和支持。

- 时间：是否可提供充分的时间？某企业要求只能在员工下班后晚上 7:00-10:00 培训，那员工不会把培训当成公司的支持，而会把培训当成折磨人的方式。

- 人员：是否要求课程所针对的员工都要参加？还是可参加可不参加？这样可避免人员严重缩水。

- 场地：是否有令人心情愉悦的培训场地？这在一定程度上也决定了培训效果。

- 费用：最关键的因素，无须多讲，你懂的！

- 协作人员：换句话说，一定要给予对方某种职责或角色，让对方参与进来，这样会更好助力你的培训。

思考工具：逻辑对话框

当你要自主开发一门课程时，请先运用以下工具，回答以下几个问题。

逻辑对话框

· WHO

我的培训对象是谁？

目前的现状水平如何？

期望提升到什么状态？

这个差距的提升是可以实现的吗？

_____

· WHAT

为了解决什么问题？

培训对象在从事这部分业务时，碰到的困难或挑战是什么？

_____

_____

_____

· WHY

为什么要解决这个问题？

解决了这个问题对公司有什么好处？

对部门有什么好处？

对我自己有什么好处？

对培训对象有什么好处？

_____

_____

· HOW

我有足够的积累或经验来提供解决这些问题的经验和方法吗？

我知道可以从哪些渠道获得更多的方法和技巧吗？

第一步从哪里开始解决？

_____

_____

_____

• EVALUATION

我怎么知道这个问题解决了？

我可以用什么样的方式来检验学员的学习成果？

我如何推动学员在学习后保持持续改进？

_____

_____

_____

这是一个非常好用的自我对话的工具，这可以帮助我们

• 识别真正的需求

• 明确课程价值

• 评估课程开发的可行性

举个例子：

某银行信用卡部陈经理打算开发一个"个人理财"的课程，原因是个人理财颇有心得，希望与同事共享经验，但这个课程的开发对企业有意义吗？当走到第三步问题时，就发现这个课程对于公司没什么实际意义，反而可能会导致不良后果，所以陈经理就果断放弃此课题，而选择了一个实际业务中的课题。

那如何运用呢？现在就以我对某公司的销售团队"产品课程开发"课程为例，举例说明：

逻辑对话框

• WHO

我的培训对象是谁？

×× 银行产品经理

目前的现状水平如何？

这些产品经理 90% 会独立制作产品培训课件，目前主要是讲产品知识。

期望提升到什么状态？

希望可以结合培训对象的实际工作场景，不仅要教会产品知识，更要教会推广这些业务的经验和方法。

这个差距的提升是可以实现的吗？

可以通过课程的重新设计和辅导式教学来实现。

• WHAT

为了解决什么问题？

主要有以下几点问题：

1）讲解过于理论，很难理解；

2）只讲产品，没有讲推动此项产品销售的方法，对终端帮助不大；

3）银行老总和一线业务团队希望产品经理的培训可以更务实，并在培训中提供实际的经验和方法。

培训对象在从事这部分业务时，碰到的困难或挑战是什么？

1）没有系统开发课程的思路；

2）没有一线业务推广经验，无法提供实用的工作方法和指引；

3）缺乏案例编写等体验式课程的设计能力。

• WHY

为什么要解决这个问题？

可以提升产品培训的有效性，对业务推动有好处。

解决了这个问题对公司有什么好处？

提升终端销售人员的产品销售能力，从而带动业务成长。

对部门有什么好处？

提升部门产品达成率。

对我自己有什么好处？

获得一个大订单。

对培训对象有什么好处？

掌握一套课程开发制作的方法，使未来培训更有效、接地气，而且开发课程更严谨、更快速。

· HOW

我有足够的积累来提供解决这些问题的经验和方法吗？

是的，我有一套实用的方法可以带给培训师，而且有大量丰富的素材可以与学员共享。

我知道可以从哪些渠道获得更多的方法和技巧吗？

知道，之前培训过类似的企业，有经验、有储备。

第一步从哪里开始解决？

先从课程开发的出发点转变开始，从"我要讲什么"转变为"学员想听什么"。

· EVALUATION

我怎么知道这个问题解决了？

每位学员交出一份全新的产品培训课件，里面结合了最实用的方法和内容。

我可以用什么样的方式来检验学员的学习成果？

学员选部分内容进行试讲，根据表现打分评估。

我如何推动学员在学习后保持持续改进？

通知产品经理的领导加强跟进，并提供至少 5 次的实际培训机会。

关注四类关键人员的反馈

当你确定好一个课程开发的方向后，还要了解四类关键人物的意见和建议。

思考：请在下面四类不同人群下面，分别填上需要了解的方向和内容。

需求提出者（组织部门）	培训对象的领导
—————————— ——————————	—————————— ——————————
我的主管领导	培训对象
—————————— ——————————	—————————— ——————————

现在来看一下参考建议：

需求提出者（组织部门）	培训对象的领导
• 了解培训需求产生的背景 • 培训对象的现状 • 公司对于此对象能力或某项业务的期望 • 清晰了解可提供的培训资源和条件	• 目前培训对象某项能力或业务存在的具体问题 • 优秀或失败的案例 • 明确期望或满意的状态 • 找到具体的业务标杆 • 寻求资源和支持
我的主管领导	培训对象
• 对此课题的意见 • 寻求支持 • 给予具体性建议 • 帮助整合资源	• 目前工作中的问题与困难 • 希望学到的内容和关键点 • 具体工作中碰到的难点与实例 • 很钦佩的同事名单

通过以上信息，可以达到以下目的：

（1）印证开发这个课程的必要性，确实是符合当前业务需求的；

（2）可清晰知道培训对象在实际工作中的具体困难和问题，并且知道自己有解决问题的方法或是知道哪里可以获得这些解决方案；

（3）明确知道课程的价值和对提升员工绩效的帮助，知道现状在哪，未来可以去到哪里；

（4）可获得更多资源和信息，得到其他部门的支持，帮助课程的开发和实施；

（5）收集到大量有价值的实例和成功经验，成为课程开发的原材料。

那如何了解这些信息呢？通过以下三种方式可以获得这些信息。

培训需求调研的主要方法

做培训需求调研主要有以下两种方法：问卷调查法和需求访谈法。

问卷调查法

通过具体的问卷来对访谈对象实行定向调查。

1. 优点：

（1）样本覆盖面大，可全员覆盖；

（2）简单、省时、省力；

（3）可出数据分析结果。

2. 缺点：

（1）不灵活，缺乏弹性；

（2）问卷设计时以"选择、判断"题为主，方便收集数据，通过"开放式问题"了解对方具体看法的问题，最终获得的信息量是有限的；

（3）对方在填写问卷时，可能会有应付情绪，结果不真实；

（4）内容趋于表面化，不能获得有价值的信息。

3.方式

（1）设计调查问卷，通过培训会议、发邮件等方式集中发出并回收；

（2）现在可实在 E 化调研，例如可用"微信"端发出调查问卷，在线收集，后台立刻会导出参与人员、名单，并形成统计结果，非常的简单、快捷。

当我们在为企业做内训师培训前期调研时，也会用到基于"微信端"的课程需求调查，样版如下，供参考：

培训对象需求调查

调查对象：培训学员

调查目的：

1.了解学员的现实状况；

2.了解学员对培训的期望；

3.收集学员最关注的技能点，以便弹性调整课程。

需求访谈法

如果期望获得更多真实的、有价值的信息，建议采用"访谈法"。

1.设定访谈目标

（1）面对领导

1）清晰问题，明确方向：明确领导对目前业务的看法，领导最期望

解决的问题；

2）提供建议，确认方案；

3）整合资源，寻求支持。

（2）面对学员访谈，主要抓住以下几方面：

1）找痛点：工作中碰到的问题与困惑。

2）找兴趣点：

· 期待听到哪些内容？

· 他们为什么会有这样的需求？这可以帮助我们找到学员学习背后的动机（这很重要，这是从被动学习转为主动学习的动力源）。

3）找资源：请培训对象提供一些实际工作中的典型性状况，可作为教学案例放到培训中去。

2.选择访谈对象，制定访谈清单

当你有多人可选择时，可以从以下三个维度来选择访谈对象。

· 业务能力：当你样本量有限的情况下，主要选择业绩一般，代表大多数水平的员工，其所反映的困难或问题会有共性，同时也可访谈一些优秀员工，主要是找到经验和方法；

· 表达能力：对方的表达能力很重要，可以清晰、主动提供更多的信息和内容，可大大提升访谈效果；

· 意愿度：选择有意愿参与需求访谈的员工，如果本人意愿度不高，很可能采取敷衍的态度，表示"没意见"或"没想法"甚至"没需求"，使你得不到有价值的信息。

在确定了访谈目标和访谈对象后，需要草拟一个访谈清单，来帮助我们全面、高效地完成访谈。

3.现场访谈

在访谈时，最有可能碰到以下问题：

- 对方讲得很笼统，不具体，例如："还可以！""不太好！"
- 对方说了很多细节或小点，不系统。
- 对方只习惯回答，不习惯主动给信息。

这就需要我们提出有质量的问题，引导整个谈话，在整个访谈过程中，建议把握以下原则：

（1）先宽度，再深度

问宽度部分：鼓励对方多讲问题或需求，例如对方讲了一点之后，要继续发问：

"还有吗？"

"能再多谈一点吗？"

"还有其他的需求吗？"

直到对方说"没有了"为止。

问深度部分：当谈到某种需求时，要问清楚需求背后的原因或者他对这个需求的具体理解。例如：

"在这一点上能多讲一些吗？"

"为什么你会有这种担忧／需求／想法？"

"你对这一点的具体想法是什么？能说出三个关键词来解释一下吗？"

（2）及时总结作确认

访谈时对方可能会谈到大量散乱的信息，我们需要及时帮助对方总结归类，并确认自己的理解是否准确。

"我想确认您刚才谈到销售人员最需要提升的是'找到顾客需求、并为客户提供合理的金融服务'这两个问题，是吗？"

"我现在总结您刚才谈到的，最主要的想解决以下几个问题……，就优化次序来讲，其中……（问题）是最重要的，其次是……问题，然后是……问题，您的期望是……，是这样的吗？"

注意：在总结时，请尽量用对方使用过的词语，这会使对方感受到你在用心听对方的说明。

（3）请对方提供更多信息

当对方说的观点概括，你并不清晰对方的具体含义时，要及时提出，请对方详细解释自己的观点，例如：

"您谈到最近大家积极性不高，你能说明一下什么事情会让您有这样的感受？"

"您能说说最近一次有这种感受是什么样的情况？"

"您刚才提到跨部门的沟通不顺畅，您能举一个具体的例子吗？"

（4）要对方给答案，而不要去猜

当对方谈到"比较满意"时，可用以下"度量尺"的方法：

"如果你给现在的技术人员打分，你会打几分？"

"不满意的几分差距在哪里？"

当对方给了多条需要时，请对方排序：

"你刚才谈的几点都很重要，如果按紧急程度排序，您认为最亟须解决的问题是哪个？请排出优先次序。"

通过这样的方式，可使你明确对方的想法。

（5）管理好对方的期望值

对方会谈到很多需求，但有些并不是培训可以解决的问题，注意要及时提醒对方，哪些是培训所能支持的，哪些不是培训可以解决的。例如：

"流程系统复杂是由很多因素造成的，这个需要多个部门坐在一起谈解决方案，这很难由一个或几个课程来解决。"

4.整理形成结论

在进行访谈后，及时汇总信息，并提出有价值的观点。

参考资料：

可供参考借鉴的问题清单

领导层级访谈:

1) 您觉得目前人员最需要提升的是哪方面的能力?

(评估: 这个问题是由培训可以解决的吗?)

2) 能说说原因是什么吗?

3) 你觉得他们达到什么样的水平, 你就满意了? 能举个例子吗?

4) 目前有哪位同事达到这样的水平?

5) 除了这个能力之外, 你觉得还有哪些能力需要提升?

6) 如果给这几项能力排序, 你觉得优先次序是?

学员层面访谈:

1) 您觉得在目前的工作中, 最有挑战/最困难的是哪方面?

(评估: 这个问题是由培训可以解决的吗?)

2) 能说一个例子具体说明一下吗?

3) 要解决这个困难或者挑战, 你觉得最需要的支持是什么?

4) 从培训角度来说, 您希望给您提供什么样的支持?

5) 为什么会想要这方面的支持?

6) 如果提供这样的培训, 您会积极参与吗?

7) 您对这项培训有什么具体的期望?

8) 您希望对于帮助您提升这方面的能力, 还需要哪些其他的支持?

9) 您觉得阻止你提升这项能力, 最大的阻力或障碍是什么?

如果对方在某项技能上是有经验的, 可以增加下面的问题:

10) 你在从事这项工作时, 有什么心得体会? 能举个例子具体
　　说明一下吗?

11) 您觉得周围谁在解决这个问题上做得很出色? 您觉得他特别
　　值得我们学习的地方有哪些?

第二节 确定选题

选定你需要开发的课程主题

挑战 4-2 假设下面是企业内训师设计的选题，请大家看看哪些是合适的选题，并说明为什么？

课程选题	是	否	原因
执行力			
把 ×× 产品成功销出去			
时间管理			
高效开会的四个诀窍			
项目管理			
个人理财			
识别优质煤的三个方法			
命悬一线 ——如何运用绳索实行自救			

参考答案：

课程选题	是	否	原因
执行力		√	• 题目过大，不够聚焦 • 建议选择一个关键点进行设计
把 ×× 产品成功销出去	√		• 目标明确，符合企业需求
时间管理		√	• 此课题已有非常成熟的课程，不需要内部培训师全新设计
高效开会的四个诀窍	√		• 课题明确
项目管理		√	• 题目很大，需要专注深入地研究才可以开发形成
个人理财		√	• 对公司的业绩提升意义不大
识别优质煤的三个方法	√		• 简单精准，放入实际的工作经验，点赞
命悬一线 ——如何运用绳索实行自救	√		• 安全类课题，简单有用

内训师选题考虑的三个前提，如图 4-1 所示。

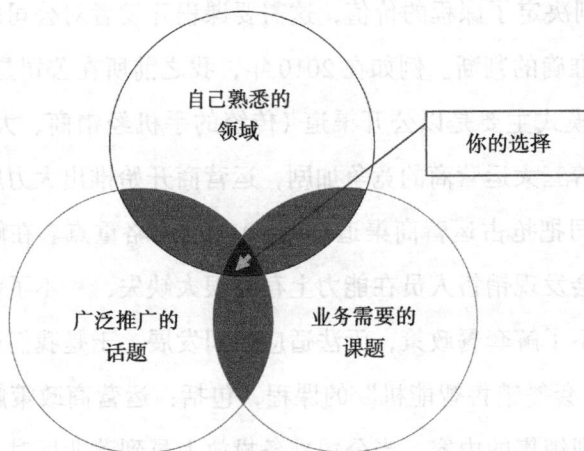

图 4-1

第一个前提：一定是自己熟悉的领域

一个好的课程需要的不仅是知识点，更需要融入实际的工作经验、理解问题解决问题的方法，还有对这个领域深入的理解和扎实的理论沉淀，没有大量的实际工作经验是不可能设计出有深度、有质量的课程的。

有的老师说，给我一个 PPT，我就可以讲解这门课程。这类老师我是非常佩服他的胆量，但并不欣赏这种做法，因为没有在一个领域有深入的理解和钻研，光靠抄书、抄资料，那带给学员的启发是非常有限的，特别是在这个信息高度发达的时代，人们不缺找到知识、模型、理念的渠道，人们需要是对某件事物更深入的理解和实战的方法。例如，如果从未做过管理岗位的老师来讲"领导力"的课程，注定是苍白无力的，只能是照本宣科、照猫画虎。选择一个自己不熟悉的课题，结果只能有两种，一种结果是这门课题胎死腹中，难产；另一种结果是作死自己，身心疲惫。

其实完全没有必要这样开始一个课程的开发，最好的办法是回归自己的工作岗位，从工作中提取出有价值、可传承的好经验和好方法。

第二个前提：业务关注的话题

这个原则决定了课程的价值，这需要课程开发者对公司的业务和发展方向做出准确的判断。例如在 2010 年，我之前所在公司是摩托罗拉，以往的销售模式主要是以公开渠道（传统的手机经销商、大型零售商）为主，而随着三大运营商的竞争加剧，运营商开始推出大力度的补贴购机活动，公司把抢占运营商渠道作为 2011 年战略重点。在解读了这项政策后，就会发现销售人员在能力上存在很大缺失，一不了解运营商运作规则，二不了解套餐政策，无法适应公司发展，于是我们迅速开发了"利用运营商套餐销售智能机"的课程，包括：运营商政策解读和在营业厅如何实现销售的内容，当公司准备投放人员到营业厅时，我们正好可以提供所需要的培训，这样的培训就极大地匹配了业务的发展，我们需要这样的敏感度和前瞻性。

第三个原则：广泛推广的话题

换句话说，就是"热点"问题，社会有"热点"问题，企业也有"热点"问题，我们的课题与企业热点紧密挂钩，就会产生化学反应，得到更多关注，也会发挥更多作用。例如：企业倡导"精益管理"，那可以从很多岗位上谈如何"降本增效"。银行业最大的问题之一是如何面对互联网金融，那就要从各个业务入手，如何运用"互联网思维"来盘活现有的金融产品。只有把课题与公司的策略、热点和未来接合起来，才会更符合企业利益，使知识增值。

选题的四个标准

铭师坊作为专注内训师培养的专业机构，每年看了上千名老师的课题开发，总结出选题的四字真经：

1. 小

课题宜小不宜大，以开发 2～3 小时课程为最佳选择，过大的课程需要更庞大的知识体系支撑，适合专业培训老师，而兼职内训师适合从选择小课程开发开始。

如果需要开发较大的课程，建议"模块化"，例如：执行力课程，可以拆分成几个模块，讲沟通、讲制度、讲协作等，这样既可以降低开发难度，又可以快速出开发成果。

2. 实

培训主题要符合企业的实际情况，实事求是，务实、求实、扎实，实实在在地解决企业的实际问题。

工作中接触了大量企业，奉行的都是"务实"之道，高谈阔论、上下五千年更适合"社会学者"，并不适合企业内的内训师。

3. 专

指课程内容有专业深度，不要浮于表面，没有任何深度或方法论。通常部分老师只喜欢讲"为什么"和"做什么"，一到"怎么做"就没内容了，这说明对自己的课题理解深度不够，只有做事，没有总结做事的方法。

而另一方面，现在企业当中还是卧虎藏龙，能人很多。印象深刻的是民生银行的一位老师讲"如何从财务报表中分析企业问题从而规避贷款风险"，这个课题专业度很高，但是这位老师讲得深入浅出，利用案例并结合自己的工作经验给出了很多实用的方法，让你炼就"火眼金睛"，从企业的财务报表中看到企业的内部危机和外部粉饰，这样的课程是企业真正需要的课程。

4. 新

现在由于互联网、微信等的深度渗透，知识、信息的更新快上加快，我们的观点要有新意，内容要有新看点，而形式也要探索新方法、新形式。前几天看了微信一篇文章，写马云听到公司内还有人在培训"如何向和尚卖梳子"时，立即把对方开除了。我也有同感，如果我们还抱着十年前的内容和观点来看当今的业务模式，就是一种典型的退后，这并不能让员工实现能力的成长，而是浪费时间。

第三节 拟定标题

好标题的四个特质

小测试：假设你在微信圈看到朋友推荐以下课程，你会有兴趣点开哪些课程，来详细了解一下课程的具体内容？

课程题目	有兴趣	兴趣不大	没兴趣
安全防火知识			
拆掉部门间的墙 ——跨部门沟通的秘密			
班组长管理要素			
揭秘人际沟通潜规则			
项目管理五要素			
苹果橘子			

现在来看看，为什么这些题目吸引了你？这些题目蕴含了什么样的特质？而另外一些题目为什么让你失去点击的兴趣？

总结起来，一个有吸引力的题目可能具有以下四个特质：

1. 新鲜有趣：可引发人的好奇心，人的好奇心是探索的重要动机，像"苹果橘子"是一个经典的"非财务人员的财务管理"课程，这是引用了一个著名的经济学理论，没想到吧？

2. 形象生动：像"拆掉部门间的墙"，直白地说出了每个职场人士的心声，很有共鸣感。

3. 记忆点强：像"揭秘人际沟通潜规则"，听上去有点骇人听闻，但这比"企业文化""沟通技巧"等有吸引力多了。

4. 反映实质：好的题目应该是高度概括总结了课程的核心观点和本质，记忆深刻。像本课程《好课程是设计出来的》，特别强调了设计的重要性，而且在每个环节都告知了"设计"的方法和关键要点。

所以，请抛弃掉无趣又老套的名字，而给你的课程换上一个青春朝气又富有时代气息的新名字吧，换句话说：让我们人人做标题党！

课程标题的命名模式

现在的培训课程通常会有以下两种命名模式：

单一标题式：

例如：

- 成功人士的七个习惯

- 关键时刻

主、副标题结合式：

抓人眼球的主标题 + 点破窗户纸的副标题，例如：

6D 法则——从培训专家到绩效专家

各位可根据自己的课题选择合适的命名标式，那如何起一个响亮吸睛的题目呢？现给大家总结了以下命名方式，可供参考借鉴：

1. 流行语式

　如：那些年我们一起学过的"管理"

2. 数字模型式

　如：成功人士的五项修炼、六顶思考帽

3. 核心观点式

　如：你的形象价值百万——形象礼仪课程

让学习更简单——微课程设计与开发

4. 博眼球式

　　如：60 分钟提升情商

　　　　5 分钟让你学会写总结

5. 隐喻式

　　如：沙中淘金——电话营销之心法

　　　　让照片说话——执法中的有效取证

　看看你的课程更适合哪种命名模式？可为你的课程起个掷地有声、令人印象深刻的题目。

课程阶段性的总结与运用

现在就请你按照收集到的信息，确定你的课程重要信息

课程题目：_____（主标题）

_____（副标题）

培训对象：_____

1. 领导层主要期望解决的问题是：

2. 学员主要想解决的问题是：

第五章

设定目标

第一节　分析学习内容

思考：现在请大家看看下面课程设定的培训目标是否合理，可能会存在什么问题？

1. 学员可以掌握管理的能力。

问题点：＿＿＿＿＿＿＿＿＿＿＿＿＿＿＿＿＿＿＿＿＿＿＿＿＿＿＿＿

2. 通过三小时的培训，学员可以设计一门课程。

问题点：＿＿＿＿＿＿＿＿＿＿＿＿＿＿＿＿＿＿＿＿＿＿＿＿＿＿＿＿

3. 通过一小时的学习，学员可以了解精益管理的意义，从而改变观念，理解公司方向。

问题点：＿＿＿＿＿＿＿＿＿＿＿＿＿＿＿＿＿＿＿＿＿＿＿＿＿＿＿＿

设定"小而清晰"的目标

以上"目标"是很多培训师经常会书写的模式，同时，这些目标很容易变成形式主义而难以变成现实，建议目标宜小不宜大，按照 SMART 原则设定目标：

- Specific：具体的
- Measurable：可衡量的
- Attainable：可达成的
- Relevant：相关性
- Time-bound：明确的时期性

而以上设定的三个目标的制定都不符合 SMART 原则。

1. 学员可以掌握管理的能力；

问题点："管理"过于宏观，不具体，不聚焦。

2. 通过三小时的培训，学员可以设计一门课程；

问题点：培训时间与任务难度不匹配，难以达成。

3. 通过一小时的学习，学员可以了解精益管理的意义，从而改变观念，理解公司方向。

问题点：目标是否达成难以衡量。

培训师要识别"问题空间"

相信"为什么要设定目标"大家都会很清楚，只有知道"终点"在哪里，才知道"如何去到目的地"，所以这个"终点"就是培训要达成的目标，在盛群力、宋洵老师翻译的"走进卫星教学"中提到一个概念"问题空间"，我非常认同。

问题空间，就是"现状与培训目标"之间的差距，也就是通过培训可以解决的部分，如图 5-1 所示。

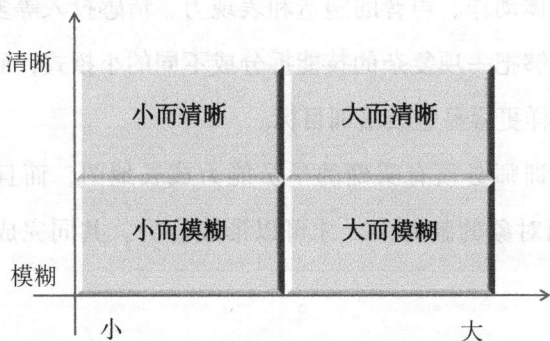

图　5-1

在书中谈到"模糊—清晰""小—大"两个维度分为四个部分，想一下，哪个区域的问题是最容易解决的？

毫无疑问，当然是"小而清晰"的目标，而"大而模糊"的目标很难实现。所以需要把一项能力或一个新知识、新理念切分成更小的部分，采用逐个击破的原则，才会实现最终的目标。

在这里，可能会有两种模式：

1. 里程碑式

从 A 点到 B 点，一定要经历很多的环节，只有前一个环节掌握了，后面的学习才会有意义，否则就是浪费时间。比如游泳，要先消除怕水心理、再学会屏气，防止呛水，再学习动作要领，包括臂部动作、臀部动作等，如果前面的问题没有解决，就急于进入下一个环节，那么意义不大。

所以培训老师需要把一项复杂的技能或知识切分成阶段性的"里程碑"，明确每个里程碑的"问题空间"，设定一个又一个的子目标，才能达成最终目标。

2. 组合拳式

学会一项技能或知识是由很多子技能组合而成的，例如演讲，它包含了形象、肢体动作、声音的塑造和表现力、情感投入等多个模块，培训老师需要能够把一项复杂的技能拆分成不同的小招式，而每个招式设定子目标，这样更容易达成培训目标。

总之，培训师必须有明确的学员能力成长地图，而且要把这张地图移植到培训对象的脑海中，才可以形成合力，共同完成一个又一个的任务。

明确学员达成学习任务的四种程度

在我们具体到每一个"小而清晰"的目标时，要考虑一个因素，就是客观评估学员需要达成学习任务的"程度"，通常分为四种程度：

1. 了解；

2. 熟悉；

3. 运用；

4. 掌握。

达到不同的程度，对于教学时间、教学方式、考核手段都有着重要的影响，例如：

教授一个性格分析的课程。

1. 如果是了解：简单介绍一下概念和分类就可以；

2. 如果是熟悉：那就要详细介绍不同的性格特质，学员可以做到准确区别；

3. 如果是运用：那就要测试"学员能准确识别不同的性格特点""员工可以在生活、工作场景中去运用这个理论"等；

4. 如果是掌握：那就不仅要会熟练运用，还可以处理一些更加复杂的问题。

由此看出，设定不同程度的教学目标，对于培训课程设计是有重要影响的。

第二节 撰写目标

什么是表现型目标

表现型目标（expressive objectives）是美国课程理论家艾斯纳（E.W.Eisner）提出的撰写课程目标的一种主张。

艾斯纳认为，课程设计的撰写可有三种不同的形式：行为目标、解决问题的目标和表现型目标。

解决问题的目标不是把重点放在特定的行为上，而是放在认知灵活性、理智探索和高级心理过程上。

表现型目标是唤起性的，而非规定性的，不是规定学生在完成学习活动后所习得的行为，而是描述学习过程中的"任务"，例如，"在一个星期里读完《红与黑》，讨论时列出对您印象最深刻的五件事情"，表现性目标更重视的是人的个性，尤其是老师和学员在教学中的自主性、创造性。

把"问题空间"转换为"表现型目标"

在前面，我们已经讲到谈到明确每一个阶段性学习任务的问题空间，现在把"问题空间"运用 ABCD 法转换成表现型目标，如表 5-1 所示。

表 5-1 运用 ABCD 法转换成表现型目标

	解释说明	举例
A（Audience）	定义教学对象	新员工
B（Behavior）	说明培训后，学习者应能做什么，容易辨识显而易见的行为的变化	完成一个完整的工艺操作
C（Condition）	说明上述行为在什么条件下产生	在没有别人帮助情况下，在 10 分钟内
D（Degree）	规定达到上述行为的最低标准，即达到所要求行为的程度	准确完成

串联起来可以是：

1. 让新员工在培训课堂上，在 10 分钟内可以准确无误的独立完成一个完整的工艺操作。

2. 当我们制定了这个目标后，我们所有的教学活动将变得十分清晰、有方向。

课程阶段性的总结与运用

根据课题，识别学员的现状与目标之间的差距：

1. ＿＿＿＿＿＿＿＿＿＿＿＿＿＿＿＿＿＿＿＿＿＿

2. ＿＿＿＿＿＿＿＿＿＿＿＿＿＿＿＿＿＿＿＿＿＿

3. ＿＿＿＿＿＿＿＿＿＿＿＿＿＿＿＿＿＿＿＿＿＿

4. ＿＿＿＿＿＿＿＿＿＿＿＿＿＿＿＿＿＿＿＿＿＿

把问题空间转换成符合 SMART 原则的表现性目标：

1. ＿＿＿＿＿＿＿＿＿＿＿＿＿＿＿＿＿＿＿＿＿＿

2. ＿＿＿＿＿＿＿＿＿＿＿＿＿＿＿＿＿＿＿＿＿＿

3. ＿＿＿＿＿＿＿＿＿＿＿＿＿＿＿＿＿＿＿＿＿＿

4. ＿＿＿＿＿＿＿＿＿＿＿＿＿＿＿＿＿＿＿＿＿＿

第六章

搭建结构

第一节　收集素材

素材收集

做一桌美味佳肴，先要寻找一堆新鲜美味的食材。同样，做一个有深度的课程，也要先找到大量珍贵、有价值的素材。

挑战 6-1　请大家看一下以下哪些是自己课程需要的素材？请标出来，并思考这些素材可以通过哪些渠道获得？（可进行连线）

素材	获得渠道
成功实践	专业书籍
分析数据	互联网
业务现状	工作经验
专家观点	业务牛人
调研结果	业务部门

```
相关图片                    其他

相关视频

现场演示

成功或失败案例

相关理论

其他
```

再重新审视一下所标出的素材及渠道，有一个初步判断。如果更多是从"业务"中去获得，那这个课程可能比较务实，但可能理论性、系统性和深度不够；如果这个课程大多获取的渠道是书籍或网络，那这个课程可能会比较理论化、不务实。所以请注意要从"外部渠道"和"内部渠道"双通路去获取更大量、更丰富的素材，这样更容易做出务实而又有深度的课程。

萃取专家经验

企业开发课件，一个重要的作用是把企业内好的经验和方法保存下来，得以传承，所以需要"萃取专家经验"，我们可把这些宝贵的经验看作是宝藏，埋藏在我们企业内的"牛人"那里，而课程开发者需要当一个"挖宝人"，把这些宝藏挖掘出来。

第一步：哪些是宝藏？

1. 在具体的工作实践中，总结出来的解决问题的好做法、好方法、好思路。

例如某知名卫浴品牌推出一款高端新品，其他地方销售都不理想，而有一个地区销售特别好，实地采访后发现一位销售人员运用了"自创的现场演示"方式，向客户清晰展示了产品的特性，成交率很高。这个方法经过推广，各地的这款产品销量都有了很大的提升。

这就是"成功实践",我很信奉一句话"高手在民间",所以我们需要从优秀、出色的人员那里去挖方法、挖经验,这会让我们的课程更实用、更接地气。就像2015年春节火爆的微信红包活动,红包是腾讯创造的,但是各种玩法"首富接龙""秒杀比拼"等可都是人民的智慧。

2.收集真实案例、成功实践等。

一些心智、能力类课程,如管理团队、解决跨部门的沟通问题、克服内心障碍等,一些真实的案例、个人总结的方法、解决思路也是很有价值的,需要去收集的。

例如某大型国企业王老师讲企业文化中的"责任",谈到做一位当责者,也就是"每天多加一盎司",这个理念每个人都能说,但是很多人能完成分内的工作就很难得了,更别提多做一些。这位老师就选择了当地山区的一位普通员工陈师傅,利用每月上山抄电表\维修电路的机会,为老乡们义务背生活用的日用品,每个月有15天要奔走在各个山村里,去一个村要花80多个小时,这一背就背了15年,当这个讲出来,所有的人都深深被震撼了,并感受到"当责者"的含义。

第二步:宝藏在哪里?

"宝藏"通常藏在公司的业务骨干、标杆、业务专家那里,可通过以下三个方面,来找到合适的人员进行采访。

1.工作业绩出众,领导或同事眼中公认的业务能手;

2.逻辑思维严谨,善于总结自己的经验;

3.表达能力强。

乐于分享:愿意把自己的好方法分享给大家,这一点很重要。当然,我觉得这与企业文化有关系,一个鼓励分享、鼓励先进的环境,会更让人愿意主动分享,而在一个极其看重个人业绩,看重竞争或者是吃大锅饭、谨言慎行的环境中,员工分享的主动性、积极性会差一些。

第三步：如何挖出来？

有两种方法，一种是行为观察法，另一种是焦点访谈法。

行为观察法

如果是操作类、销售类等的课题，在有条件情况下最好到工作现场，看专家是如何工作的，通过仔细观察，总结出经验和方法。

1. 提前对专家工作做出预设，并分步骤、分类型详细记录，如表6-1所示。

表 6-1　分步骤分类型记录表

工作内容分解	具体工作要点	经验心得	注意事项
前期准备			
第一步骤			
第二步骤			
……			

2. 拿必要的录像设备，把整体环节录下来，以备反复观察使用，同时，也可以作为培训中的素材。

3. 关键环节进行比对，提取要点：把每个环节中专家是如何做的，而普通员工是怎么做的进行有效比对，找到专家的经验。

例如，在面对顾客的质疑时，优秀的销售人员是如何处理的，而大多数员工是如何处理的，做有关态度、沟通方式、销售话术等方面的对比，就很容易提取到优秀的做法和经验。

焦点访谈法

对业务专家进行一对一或一对多访谈，为更有效地进行，建议大家提前设计好"问题清单"，更有效率地找到需要的内容。

访谈时要关注以下要点：

1. 目的和价值：开始访谈前要说明访谈的目的和期望以得到对方的配合，打消对方顾虑情况，以做到知无不言，言无不尽，避免被访谈者不愿讲自己的心得、经验。

2.分解与细化：提前把访谈者的工作任务细化成具体的阶段、步骤、要点，由框架到细节，逐步深入做访谈。

3.总结与确认：每访谈一个部分，及时总结对方谈到的关键点，并请对方做确认，保证理解是正确无误的。

4.请求与建议：对"使用对方的经验、方法或者案例"要征求对方的意见，得到允许后再放入培训课程中。

具体访谈技术可参考前面"需求访谈部分内容"，下面是一个访谈思路和清单，供参考。

面对技术专家的访谈

- 您在从事这项工作的心得是什么？

- 关键环节有哪些？

- 第一步，会碰到什么挑战？您是怎么做的？用到什么工具？

- 能具体说一些吗？

- 能举一些实际的例子吗？

- 除了以上之外，还有吗？

- 我想和您确认一下，你刚才谈到第一步，最重要的是以下几个观点，……，是吗？

- 那第二步是什么？

- ……

- 非常感谢你给我们提供了大量有价值的信息，请问一下，这些经验可以放到培训资料中吗？这可以帮助很多同事提高工作效率，同事们一定会很感谢你和欣赏你。

阶段性的总结与运用

把前期调查学员关注的问题点与调研获得的方法与经验做链接，看是否有足够的方法或经验来满足学员的需求。

学员关注的困难和问题　　　　　　解决的方案或技巧

1. _____　　　　_____

2. _____　　　　_____

3. _____　　　　_____

4. _____　　　　_____

5. _____　　　　_____

第二节　搭建结构

挑战 6-2　给自己 5 秒钟的时间，看自己可以准确记住多少个字符？

$?$*#*$?@$#*#$?*@?@*#@?@#

估计能记到第 6 位或第 7 位的就很不错了。

现在再试试另一组字符：

$$$???@@@###***

是不是不用 5 秒钟，就可以记住全部的字符？

这是美国人力资源领域的大师哈罗德在《交互式培训》书中提供的一个经典体验，让我印象非常深刻，通过这个体验告诉我们一个重要的知识点，即要把内容结构化，使内容的组织更符合人们的理解习惯，使

听众更容易接受或记忆。

三段式结构

所有的培训基本可按照这个模式，传统的三段式结构，如图 6-1 所示。

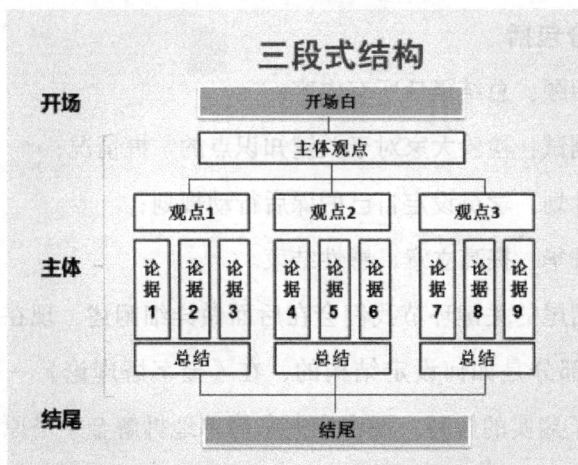

图 6-1　三段式结构

1. 开场部分；

2. 主体部分；

3. 结尾部分。

开场部分包括以下环节

1. 开场导入：引入课程；

2. 自我介绍：有趣、体现个人特色的介绍；

3. 分组破冰：建立融洽的课堂氛围；

4. 聚焦问题：找到大家的关注点和兴趣点；

5. 培训目标：设定共同的培训目标；

6. 培训内容：说明课程的培训框架。

主体部分包括

1. 激活旧知：联系以往经验，引入内容；

2. 示证新知：引入新观点、新方法或新技巧；

3. 应用新知：对新的方式、技能等加以运用。

结尾部分包括

1. 总结回顾：总结概括所有内容；

2. 检查测试：检验大家对于关键知识点的掌握情况；

3. 行动计划：学员设定自己的课后行动规划；

4. 感性升华：提高立意，感性结束。

开场、结尾的关键环节我们会在后面做详细阐述，现在我们重点来讲中间主体部分是如何设定结构的，在《金字塔理论》一书中，芭芭拉·明托给了翔实的解释，现在为大家简单地拆解金字塔原理中的一些原则和方法，用这个工具来搭建课程结构。

运用《金字塔原理》搭结构

在金字塔原理中，有核心的四项基本原则，如图 6-2 所示。

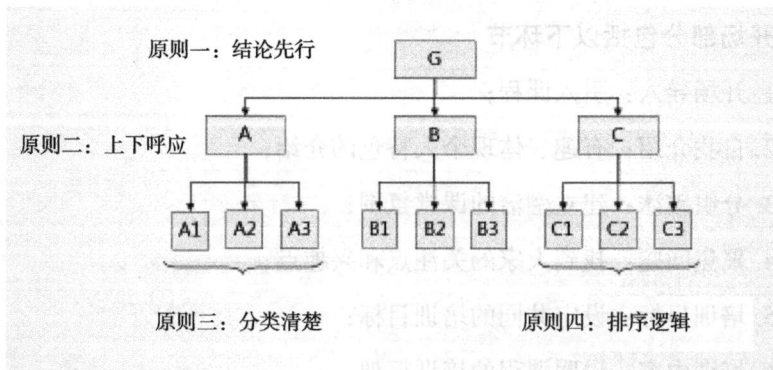

图 6-2 金字塔原理四个基本原则

原则一：结论先行

这是最简单却最容易被忽视的一个原则，很多课程经常会出现两个问题：

第一是只有内容，没有"观点"。

举个例子，某位老师在开发课程"企业文化"中，讲了很多责任的内容，但具体到"责任对企业、对员工的意义是什么？内涵是什么？如何在工作中体现责任？"都没有核心观点。经过探索，该老师总结出核心观点"要践行企业文化——成功源于责任，当责重于负责，责任始于行动"，每个模块都有了明确的答案，并有了论证的核心观点。

第二是讲了很多内容，最后才抛出"观点"。

究其原因，这是与中国人传统的表述思维相关，中国人习惯的表达方式是"因为……，所以……"，而且崇尚中庸之道，在表达时会说明所有的背景、原因、过程、转折，最后才到"结论"，甚至没有"结论"，这就很容易让听众觉得一头雾水，听了半天不知道老师在说什么。所以，强烈建议加强训练自己的总归提炼能力，尽早提出旗帜鲜明的观点。

原则二：上下呼应

含义是任一个层次上的思想必须是对其下一层次思想的总结概括，每一个下层是对上层观点的解释说明，不能有交织。在这里有三个关键点：

1. 上下一致：上面的观点与下面的论证是匹配一致的；

2. 有理有据：有论点，即要有足够有说服力的论证来佐证自己提出的观点；

3. 一页一观点：在做PPT课件时，每一张都应有一个明确的观点，而不要多个观点堆积在一起。

要做到有理有据，可尝试PEE模式，如图6-3所示。

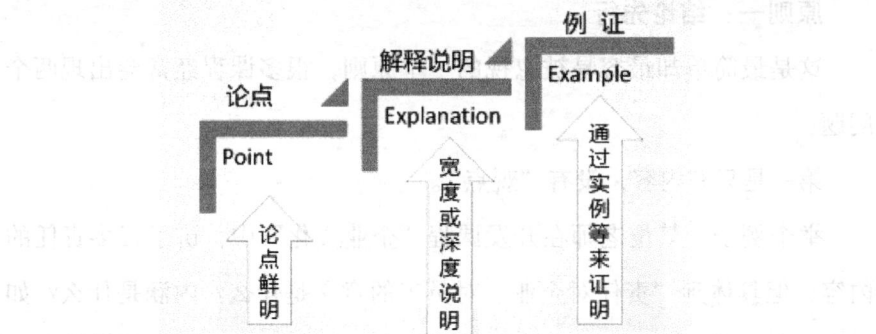

图 6-3 PEE 论证模型

1. Point：观点先行。

2. Explanation：对"观点"的深度解释或说明，可以从宽度或深度两种维度进行说明。

3. Example：实例论证，运用数据、实例、经验等论据来论证自己的观点，没有真实可信论据的观点是立不住的。

原则三：分类清楚

每组中的思想都必须属于同一个逻辑范畴。如果希望将某一组观点的抽象程度提高一个层次，那么这一组中的思想必须在逻辑上具有共同点。

举个例子：当我们在讲一个产品项目方案时，可能有多个环节，如需求调研、产品功能、消费者试用体验、促销方案、计划目标、行动指引等，就可以把这些信息分为三大类，如图 6-4 所示。

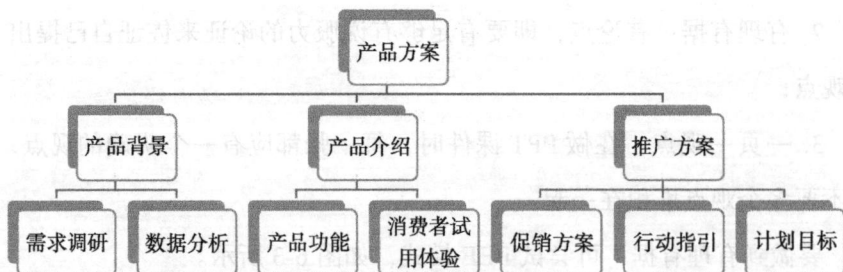

图 6-4 产品方案分类

原则四：排列逻辑

指每组中的思想必须按照逻辑顺序组织，即为什么这个观点放到第一位，而另一观点放到第二位或最后一位。《金字塔原理》中总结了以下几种逻辑。

1. 演绎顺序：大前提—小前提—结论。

例如，现在各大企业在选择咨询公司时，都希望选择在某一领域专业度高的公司（大前提），而铭师坊就是专注于内训师培养的公司，帮助企业培训了几千名内训师，积累了丰富的指导经验（小前提），所以当你来选择一家"帮助你建立内训师团队"的专业咨询公司时，铭师坊是你的最佳选择（结论）。

2. 时间（步骤）顺序：第一、第二、第三。

3. 结构（空间）顺序：华南、华中、华北。

4. 程度（重要性）顺序：最重要、次重要、最不重要等。

三种最常见的课程结构

挑战 6-3　当公司同事要来给大家介绍一款新产品时，你想了解哪些问题

请把你脑海中的问题写下来：

_____

_____

_____

_____

可能会有以下问题：

这是款什么产品？

公司为什么推出这款产品？

对消费者有什么好处？

和其他类似产品相比，有什么独特之处？

这个产品具体怎么用？

此款产品的促销计划是什么？

我们应该如何推广此产品？

以上一系列问题，我们是否可以找到其相关性？经过重新分类、排序，我们会发现主要是三大类问题：

WHY： 为什么？

　　　公司为什么推出这款产品？

WHAT：是什么？

　　　这是款什么产品？

　　　对消费者有什么好处？

　　　和其他类似产品相比，有什么独特之处？

　　　这个产品具体怎么用？

HOW： 怎么做？

　　　此款产品的促销计划是什么？

　　　我们应该如何推广此产品？

WHY-WHAT-HOW 模式

这是最常用的一种逻辑结构，他符合人们理解和接受一个新知识、新信息的思维模式，不仅用于培训中，在演讲表达、做项目报告时都可以用到这种思路。

以下课程的主体框架都运用了这种模式，如"时间管理""非暴力沟通"。

流程模式

按照流程、步骤线或时间线来设计整体课程的一种模式。例如："销售流程七步曲""六西格玛""项目管理"等都是按照流程来设计的，如图 6-5 所示。

六西格玛管理	测量 Measure	步骤 1：我们准备改善什么？（y） 步骤 2：确定质量好坏的标准（质量规范） 步骤 3：对提高对象 (y) 的测量系统是否合格？
	分析 Analyze	步骤 4：自动（改善前）的状况（质量水平） 步骤 5：确定提高的目标 步骤 6：找出造成目前状况与目标之间差距的因子 (x's)
	提高 Improve	步骤 7：筛选出关键的因子 步骤 8：找出这些因子 (x) 与 y 之间的关系 步骤 9：定出这些因子操作的空间
	控制 Control	步骤 10：控制系统中对 x 的测量系统是否合格？ 步骤 11：对 (x) 实施统计过程控制，质量水平（改善后）如何？ 步骤 12：使控制得以长期保持

图 6-5　流程型课程范例

要素模式

当课程的各个模块之间是相对关列的关系时，可以运用要素模式。例如："高效能人士的七个习惯""六顶思考帽"等的主体框架都是如此设计的。

三种模式可以自由组合、运用

在一个培训中，可能三种模式都存在，大的结构可以是 WHY — WHAT — HOW 结构，而在 WHY 中可以就运用"要素型"来组织内容，而在 HOW 部分可能运用"流程型"来进行，可以根据自已的内容来灵活组合、运用。

两种思维模式，形成结构图

当我们梳理课程结构时，有两种思维模式，一种是从上往下，一种是自下往上，分别解释说明，如图 6-6 所示。

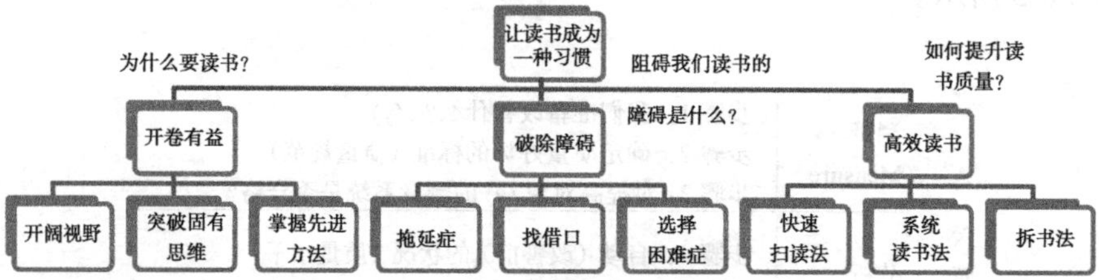

图 6-6 从上往下层层分解图

从上往下，层层分解

当我们有明确主题的时候，可以通过"换位思考，设想问题"来层层梳理从上往下的结构。

1.问题预设："听众想听到哪些内容？"

自我解答："我会这样来回应听众的想法。"

2.问题预设："针对这个观点，听众可能会有什么样的疑问？"

自我解答："我会通过以下几条来回应听众的疑问。"

……依此提问，直到提不出新的问题为止。

3.做检查："我是否已充分说明学员所关心的问题和内容了？"

4.筛选关键问题："哪些是不重要的，可以选择不讲的问题？"这些问题可以考虑去掉。

5.做确认："我是否已经把听众最关心的问题都讲清楚了？"

6.把解答部分梳理成"金字塔结构"或"思维导图"模式。

从下往上，概括总结

还有一种情况，当自己还没有清晰的思路，而在脑海里充满了散乱的观点、实例、数据等时，我们可以选择"自下往上"的思维模式，可尝试下面做法：

1. 头脑风暴

找一面墙，把自己脑海中关于这个课题的素材全部写到即时贴上，每个即时贴写一个观点或素材，贴到墙上直到穷尽。

提醒：这可能是一个较长期的过程，从开始构思课程到素材收集整理的全阶段都可以运用这个方法。

2. 整合归类

把所有信息进行归类汇总，形成观点或类别，并给每个观点或类别起个核心名称。

3. 理顺逻辑

考虑培训对象、时间限制等因素，去掉不需要的内容，留下关键内容把不同类别按照一定的逻辑进行排列。

4. 形成结构

把内容整理形成"金字塔结构"或是"思维导图"。

上下结合，综合考量

在实际运用过程中，一般都会"自上往下"和"自下往上"结合起来综合思考，得出课程结构。

阶段性的总结与运用

现在请尝试用"金字塔"模式来搭建一个简单的课程结构，请至少搭至第四层。

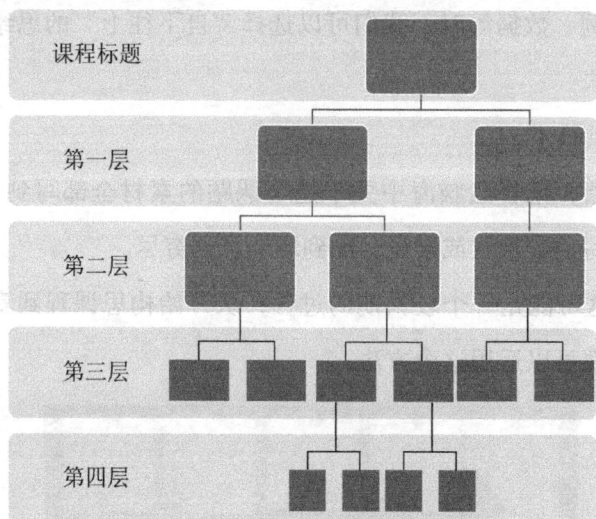

第三节　制作课程大纲

制作课程五线谱

在搭建完课程结构后，就可以转化成更清晰、明了的课程大纲——课程五线谱，五条线分别是内容线、方法线、时间线、情绪线、工具线。

1.内容线：每个关键内容及课程细节；

2.方法线：此部分内容用到的教学方法；

3.时间线：此段培训需要花费的时间；

4.情绪线：在做此部分培训时，学员可能的情绪状态；

5.工具线：在这段培训时，需要用到的工具或材料。

综合考虑这五个因素，才能把一场培训做活、做生趣，如表6-2所示。

表 6-2　制作课程五线谱表

	内容线		方法线	时间线	情绪线	工具线
1	开场白	开场导入	视频	2分钟	好奇	业务场景 VIDEO
		自我介绍				
2						
3						

如何规划时间线

"时间"对培训师而言是一种稀缺资源，如何在有限的时间内实现培训目标？如何让听众听得津津有味而不会打瞌睡？这需要我们像写电影剧本一样来规划培训内容。

目前国产电影票房第一的电影是哪部？那就是 2012 年的《泰囧》，12.9 亿元的票房至今无其他国产电影可以超越。当年记者采访徐峥，说你是今年的黑马。徐峥回应道："我不是黑马，我是有备而来。为什么这么说？我就要做一部经典的喜剧片，喜剧片关键要让人开心，所以我们在编写剧本时已经精确计算过哪里有笑点，哪里爆笑，在写好剧本后，我们拍摄非常迅速，几乎没有改动。"后来人们在电影院里数了一下，其中小笑共有 80 次，而全场爆笑有 25 次，相当于平均 1 分多钟就会笑一次，笑点频密，全无尿点，这特别适合在新年档期里观影，所以形成了前所未有的观影热潮。

而我们在设计培训课程时，都应该把时间精确规划，不仅关注内容，而且关注到在每个时间点里的情绪，所以这五条线应该综合考虑，统一规划。

时间细节安排：90、20、8 原则

在时间规划方面，美国培训大师鲍勃·派克（Bob Pike）提出了 90、20、8 的原则，让我受益匪浅。

90 分钟

经实践测验，一个成年人持续坐在教室里听课可忍受的最长时间是 90 分钟，所以每 90 分钟，一定要休息一次。我曾经历过几次"非人的待遇"，授课老师特别能讲，从 9 点讲到 12 点，结果下课之后，学员没有讨论课程的内容，全部都在抱怨这位老师不让大家上洗手间，这就得不偿失了，所以无论时间多紧，也一定记得 90 分钟要安排一次休息。

20 分钟

鲍勃·派克谈到 20 分钟就是一个重要知识的 CPR。有内容的讲解、有学员的参与、有内容的回顾，通过这样一个循环，才可以让学员对这个知识点有深入的理解，如图 6-7 所示。

图 6-7　每 20 分钟一个 CPR

8 分钟

这就是经典的 8 分钟原则，即成年人持续听一段讲述时，能集中注意力的最长时间为 8 分钟，8 分钟后注意力很容易受转移，思想开小差，特别是现在这个手机微信时代，人们更是习惯几分钟就看一下微信圈动态。

如何解决这个问题呢？比较有效的办法就是不断变换讲授的方式，如讲个故事、提个问题、举个例子等，可以持续调动学员的注意力。

那我们在设计课程时，就需要 90 分钟、20 分钟、8 分钟环环相扣，做到对每个时间点都充分用心设计，使听众的情绪和思想，在我们的掌控之中。用友大学田俊国写过一篇文章叫"讲好课才能讲好课"，说的是培训师去讲著名的课程，可以大大提升讲课的能力。我确有同感，当你讲一些著名的版权课程时，你特别有感受，每个环节设计得非常精巧，绝对是摸透了听众的心思，带着听众走一段特别享受的学习旅程，究其根本，就在于课程设计者的高明之处，在每个环节上都充分考虑了听众的感受，做到了精心设计，所以，再次印证了本书的核心观点——好课程是设计出来的。

为什么要做情绪管理？

挑战 6-4　请大家回想一下自己做培训时，最希望听众出现的反应和最不希望听众出现的情绪或状态有哪些

希望听众的情绪或状态	不希望听众的情绪或状态
_____	_____
_____	_____
_____	_____
	_____

这些情绪或状态可反映出学员在学习时的投入度。

代表学员全身心参与、积极正面的情绪或状态有：惊喜、思考、兴奋、喜悦、开心等，还可能有：痛苦、纠结、反思甚至是哭泣（如一些态度类课程）。

代表学员对学习不感兴趣、消极负面的情绪或状态有：失望、无聊、困倦、疲惫、不耐烦、对立、对抗甚至睡觉。

那我们在讲每一部分内容时，也要把讲这段内容时学员的情绪或状态

设计进去。每个部分期望学员会有什么样的情绪，我们应该用什么样的授课方式带来这种情绪，都是需要我们认真思考的。

　　理想的情况是学员的情绪随着内容的推进呈现波浪状起伏，时而兴奋、时而反思、时而感慨、时而开心，让大家一直在兴奋、愉悦的氛围中学习，会使学习效率更高。

阶段性的总结与运用

　　现在就请把课程结构转化成课程五线谱，并填写在表 6-2 中。

第七章

细节设计

第一节　教学流程创新

创新课程演绎九步曲

挑战 7-1　请大家看图 7-1，每个图片代表"课程"中的一个重要环节，请结合以往的课程开发或讲授经验，来思考一下每张图片代表的是哪个环节？

可以提醒的是：第一行的三个图片代表开场部分，第二行的三个图片代表主体内容部分，第三行的三张图片代表结尾的三个环节。

答案：

这一部分内容讲的是课程细节的设计，就像做衣服一样，前面已完成图纸、剪裁了，现在就要考虑如何通过刺绣、钉珠等细节设计，使整件衣服更出彩。以上的九个环节就像是课程重要的九个细节，需要特别花心思作设计，使课程更加引人入胜。那应该如何去做呢？现在逐一为大家拆解。

图 7-1　课程演绎九步曲

第一步：引起注意

为什么要引起注意？

让我们来回放一下真实培训的场景，当我们看着学员陆续进入会议室，接下来学员会是什么状态？

有的在吃东西，有的在聊天，有的甚至还搬来一台电脑，准备边听课边开工。有一次，一位学员穿着沙滩裤、洞洞鞋进来，热烈讨论要到海边度假。总之一句话，人虽然到了课堂但心还未到，我们需要让学员快速从纷杂的思绪中尽快转移到上课的节奏里。

这就需要我们特别设计"引起注意"的环节。

现在为大家展示一位老师设计的"引起注意"环节的案例。

这位老师培训的主题是"体验式销售"，面对的是销售人员。

老师说："今天先做个小调查，大家现在洗衣服是用洗衣粉还是洗衣液？"有的人回答说洗衣粉，有的说洗衣液，老师问："那洗衣液与洗衣粉有什么不同呢？让我们先来做个小体验。"于是老师拿了一瓶洗衣液和一袋洗衣粉，请两位学员拿两片PH值试纸分别测试，大家都非常关注结果。一试洗衣粉，PH试纸一下子变黑，PH值达到10～11，高度的碱性，而洗衣液保持原色，显示为7，中性，大家一下子就惊呆了，没想到有这么大的差距。老师说："试想一下，用高碱性的产品来洗纯棉衣服或是丝质衣服，很容易变硬变脆，那未来大家会选择什么产品来洗衣服？"大家纷纷表示一定要用洗衣液。

然后，老师继续说："看，我刚才没有讲很多有关产品的信息，而大家就改变了使用观念，是什么让大家发生了改变？正是刚才大家亲自见证过的小体验是吗？"体验是销售中最为重要的手段，今天就来与大家分享如何设计销售中的体验，并且用体验式销售来提升销量。

"引起注意"设计的N个方法

1. 一段视频

一段富有冲击力的视频是很容易聚拢视线的，可选择热门电影、电视剧片段，也可以是自己拍摄或是公司制作的微视频。

使用此方法的注意事项如下。

（1）时间长度：1～3分钟比较合适，超过3分钟，人的注意力反而下降，会产生开场拖沓的感觉。

（2）视频的选择：要选择与主题高度相关、内容与企业文化相匹配的视频，这样就很容易引起共鸣，产生正向化学反应，反之则会减分。

有一位老师在针对"90后"的"职场人际沟通"课上，选了50年代中国革命黑白老电影中营长谆谆教诲连长的一段，虽然内容合适，但感觉年代久远，很有说教味道，甚至可能会让学员怀疑："老师，你懂不懂我啊？"所以视频的选择一定要恰到好处。

（3）视频的来源：可以是热播的影视作品，也可以是自创的微电影。

有一位老师的设计非常花心思，令我真心佩服，在讲解"取款点选择"时，套用了《乡村爱情故事》刘能与赵四的故事，从故事带出"取款点选择"的重要性，既符合当地文化和口味，又显示了培训师的诚意和创意。

2. 一个演示

这种方法特别适用于产品类、观念转变等课程，更有说服力，容易获得学员的认同感。

一位老师在讲"食品安全"课程时，手里拿了几颗"黑花生"，拿了一杯清水，把黑花生放到杯子里，结果整杯水立刻就变黑了，老师说："看，这就是昨天晚上我酒店房间里出售的100元一斤的健康食品——黑花生，结果呢？现在我们的食品安全已到了多么令人发指的地步？这必须引起我们的重视，今天就与大家分享一个大家都很关心的话题——"食品安全"。"很简单的一个演示，却激起了大家强烈的警觉性，为后面内容做了很好的铺垫。

当然，运用"演示法"有几点要特别提醒。

（1）简单：要简单易操作，可以让所有人都看到；

（2）效果突出：演示的结果要有说服力，最好能出人意料，就会很有爆点；

（3）万无一失：演示一定是经过反复验证过的，而不能让现场发生意外，这样会使整场培训失去光彩。

3. 一个事件

事件法也是诚意推荐使用的，特别是在讲授社会问题、心态类、安全类课程时，可有效激起大家重视。使用时的注意事项如下。

（1）热点事件：建议选择最近发生的事件，有足够的热度和关注度，使用多年以前的事件，因外部环境已发生很大变化，会缺乏说服力。

（2）事件的震撼度：首先能震撼"眼球"，最好能震撼"人心"！

我深圳的好朋友望和平老师在讲授"父母效能"课程时，引用了深圳发生的一个真实事件作为开场，一位 11 岁的孩子向妈妈表示："不想上学，因为学校新装修，气味很难闻。"而这位母亲还是力劝孩子去上学："这两天刚下过雨，应该不会有味道了。"结果这个孩子没有去学校，而是选择走向 22 楼天台跳楼自杀，当场死亡。这个事件一讲出，所有现场的父母亲都受到了强烈震撼，深刻感受到一个小小的疏忽可能会造成终身的遗憾，从而特别关注后面内容的学习。

（3）事件所反映的价值观、观点与听众的匹配度：本身有争议的事件，慎重选择！如果本身就想引发争议，可以考虑，如果不是，那有可能在课程的开发上就发生歧义，反而拖慢课程进度，成了课程绊脚石。

4. 一个"有力度的提问"

众所周知，"提问"是有力量的，这个力量的大小在于"问题的质量"，这里介绍几种提问的角度。

（1）与众不同的问题

学会从不同的角度提问题，例如在寻找每个人的价值观时，可以问："你认为对你来说最想拥有的是什么？"

"假设你拥有了这些，当发生什么样的情况，会让你情愿放弃你所拥有的？"

两个问题快速引导大家进入自我探索的世界。

（2）有难度的问题

一位老师讲"六顶思考帽"课程时，开篇问了大家一个问题："假设某国领导人向中国政府提出流亡庇护请求，并承诺贱卖石油资源给中国政府，同时确保中国在某国的人员和财产安全，否则"不予保障"。如果你是国务委员，你将如何应对？请阐述你的观点和方法。

此问题一出，听众们像炸开锅一样，产生积极讨论。老师运用此问题引出"当我们的企业面临重大决策时，如何做出综合、理性、合理的决策？"由此引出水平思维的重要性。

（3）连环问：可以设计三个问题，从易到难，引发大家对一个观点进行深入的思考。

比较经典的提问是"你是谁?""你从哪里来""你要到哪里去?""你眼中的世界是什么样的?""你想为这个世界留下什么?"等。

所有的问题不是刁难学员，而是推动学员有深入的思考，所以要考虑有难度、有深度、有冲击力的问题。

5. 一组数据

当我们要冷静客观地看待现状、揭示问题时，数据无疑是很好的选择，因为它有无声的力量，显示出客观和公正性。

展现形式要简洁、明了、一目了然，用各种形象的图表来展示。

一位老师在讲课时，先抛出一组有关"幸福感"调查的数据，其中显示，随着时间的推移，女性幸福感越来越低，男性幸福感越来越高，同时，随着年龄的成长，女性幸福感越来越低，男性幸福感越来越高，数据告诉我们随着压力的增加、年龄的增长，女性的幸福感越来越低，那如何让职场女性拥有更强的幸福感？请来关注本节课"职场女性的幸福密码"。

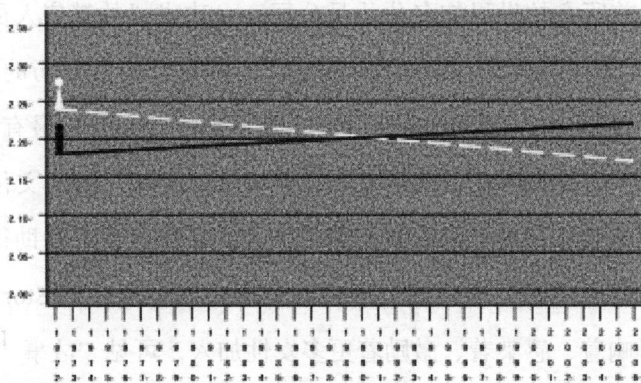

按年度显示的幸福感

6. 一个故事

这是很多人会选择的一种方式，故事很容易抓住人心，同时使用时要注意以下几点。

（1）放弃老旧故事：如果现在还有人在销售课上讲"向和尚卖梳子"，在创新课上讲"中西方解决火柴盒是空的"的故事，你感受如何？忽然会变得没有耐性，觉得老师知识陈旧。现在是微信时代，每天都可以收到大量的段子、故事，所以千万不要再拿一些老旧故事来说事，培训师的知识更新、与时俱进是非常重要的一个能力。

（2）讲好故事关键要握一手好底牌：好故事要有几个要素，冲突、悬疑、未知的结果，如果没有这几个元素，能把这个故事讲的引人入胜挺难的。建议大家在选择故事时，一定要有个出乎意料的结果（业内人士称底牌），这样才能起到锦上添花的效果。

（3）讲故事要先要"讲"故事：要做到绘声绘色，注意关键细节的描述和情感的带入，会带来意想不到的好效果。

（4）I Story：那这些引人深思、又打动人心的故事从哪里来？其实最好、最打动人心、最不用担心"如有雷同"的故事就是"原创故事"——自己亲自经历或身边同事、朋友的故事。

我之前所在的世界知名化妆品公司——玫琳凯的销售人员，来到公司要学的第一件事就是讲好"I Story"，讲自己亲身经历的、体会的、发生的故事，这个是最能融入真情实感、最打动人心、最有说服力的。我曾经听过一位60多岁的阿姨，小学毕业，没有任何的文化，就是凭着自己的奋斗，最后成长为执行督导，月入不菲，而且帮助很多女性实现心中梦想。当然，这样的故事在玫琳凯太多太多，"I Story"带来的正能量影响着、感染着、激励着更多女性加入，可见"故事"的威力。

（5）一幅图画

这是我比较喜欢用的方式，简单、视觉化，第一时间就能吸引所有人的眼光。

例如，我的培训成长道路上一位重要的恩师，刘老师曾经用过这种方式让我印象深刻。刘老师先展示了一幅图片，问道："当你看到下面的图片时，你的感受是什么？"

感受是：

_____

_____

_____

有的朋友说看到了一个美妇，有的朋友说看到了一个老婆婆，当我们同时看到一张图片时，却有不同的解读，每个人都是从自己的角度来看待这个世界，并且做出了自己的判断，而忽略了事物的客观性。

什么决定了我们对一件事物的看法？引出了这个课程重要的知识点——"滤镜"。一幅图带出一个理论，让人印象深刻。

设计引起注意的三个提醒

1. 简洁

避免为追求吸引眼球而搞得过于复杂，开场要简洁，最好2～3分钟内完成，过于复杂的开场反而让人感觉啰嗦，起到反向效果。有位培训老师仅开场破冰就一个小时，这让受训企业非常不满意，当即给予提醒。

2. 有冲击力

要让人印象深刻，就像名家演唱一样，第一句就能博个满堂彩。

3. 与主题高度相关

在素材的选择上，一定要匹配课题，而不能因为觉得是个好素材，就去滥用，这样反而会起到反效果。

第二步：建立联结

建立谁和谁的联结？

🧘 **挑战 7-2** 在一个课堂上有学员、老师，请大家进行连线，需要建立谁和谁的联结？

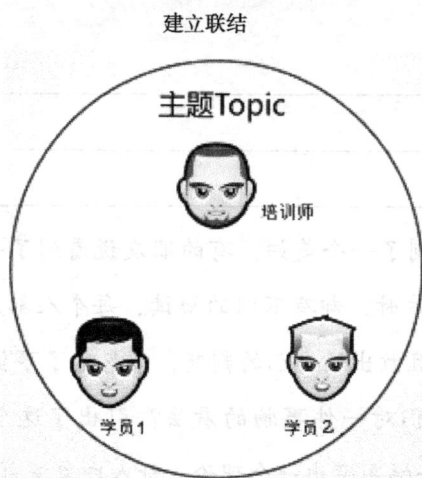

建立联结

除了建立培训师与学员之间、学员与学员之间的联结以外，还应该有学员和"培训主题"之间的联结（见图 7-2）。

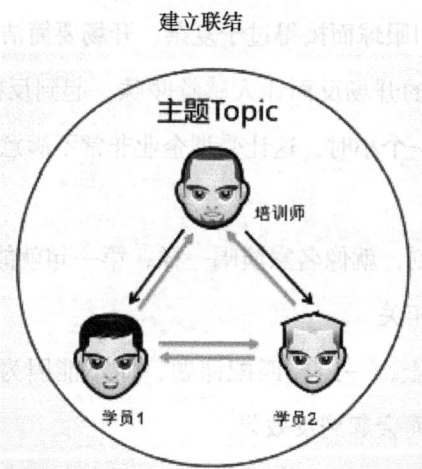

建立联结

图　7-2

为什么要建立联结？

1. 让学员消除局促感，建立和谐氛围

当学员进入一个陌生的教室，特别是当周围学员都是不太熟悉的同事时，就会有局促、紧张的感觉，需要通过一些教学环节让学员放松下来，建立和谐氛围。

2. 让学员意识到本课程的意义

大家不防先做个调查："多少学员是自愿来参加培训的？"如果是自主报告的外训课程，学员的意愿当然是相当高的，而在企业内组织的内训，很多时候学员是被点名来参加培训的，意愿度较低，这样非常不利于后面的培训，所以开场要让学员认识到这堂课的意义和价值。

3. 通过建立联结，达到三重作用

（1）创造乐学氛围

氛围决定了一个人的心情，如果处于一种紧张、不舒服的氛围中，会让学员有想逃离的感受，所以，老师要调动一切资源，营造一个安全、积极、充满正能量、快乐的氛围，不管课程如何，这种氛围也会帮你留住学员。经研究，学习乐趣越高，学习效率越高。确实，没有一个人愿意在别人逼迫的环境下进行学习，就像我们儿时上学一样，被逼着学习是不会考到好成绩的，名列前茅的基本都是主动去学习。小孩如此，成年人亦是如此，我们要创造一个快乐的学习氛围，那上课时间会觉得飞快，而不会觉得度日如年。

曾经参加过一个企业组织的12天培训项目，学员们来时都苦不堪言，随着学习的深入，到了倒数第二天，很多学员都跑来说："天哪，明天就是最后一天了？怎么觉得还没学够呢？还想再继续几天呢？"学员们有这种感受，绝对与快乐的课堂氛围分不开，人们对于这种不同于枯燥上班的氛围产生了一种留恋之情，所以，培训师要善于创造快乐的课堂氛围。

那如何创造呢？

很重要的是抓住学员的两个心：好奇心和好胜心，把这两颗心充分调动，就可以上演一出精彩的好戏了。

（2）快速融入课堂

我观察过很多学员，对学员而言，对一堂课满意度的一个重要指标在于他在这堂课中参与了多少，参与的越多越深入，就会感触越多，评价越高。所以，我们一开始就要创造一种充分包容、接纳的课程氛围，让每位学员感觉到自己是被老师所欢迎的，是被其他学员所欢迎和需要的，这样更容易激励他们深入地参与到课堂中，甚至作出特别大的贡献。

之前有位学员，年过 50，位居中层，他本身对于学习、成长这部分的内心趋动力不是很高，那如何激励到他参加呢？后面发现他的趋动力在于"其他学员对于他的认可和聚拢"，于是交给他更多班务管理的事情，他就变成学员的"老大哥"，每个学员都愿意与他谈心交流工作，他很享受这种状态，在最后的毕业典礼上发表感言，差点落泪。所以，我们要快速识别不同学员的心理诉求，为他找到融入课堂的突破口。

（3）激发学习动机

前面已经讲过，我们要把"学员来时被动学习"转化为"学员主动学习"，这种转化所带来的能量和力量是惊人的。

我带过许多企业的内训师班，被动学习和主动学习的学员是非常容易识别的，主动学习的学员会把所讲的关键点大部分在"设计的课程中展现"，甚至会激发起他们自己都未知的小宇宙和创造力，来交出一件令人意想不到的作品。而被动学习的，几乎就是应付一下，把原来的内容拼凑而成。

如何建立联结

1.建立培训师与学员之间的联结

这种联结越早建立越好，尽可能让学员早开口讲话，可建立一种轻松的课堂氛围。

一个非常好的机会是在"老师做自我介绍时"，当学员们看到讲师时，一般都很有好奇心，部分学员是以包容、期待的眼光看老师，还有一些学员是以审视、评判的眼光来看待老师，这时，建立学员对自己的信心就显得特别重要。

所以，可设计一个别出心裁的自我介绍，在这里，特别注意以下几点：

（1）激发学员的好奇心；

（2）要让学员参与进来；

（3）突出自己在某个领域的专业性；

（4）建立学员对自己的信心。

以下是几种很好用的自我介绍方式，大家可以借鉴一下。

（1）培训师讲自己的五个特点，请学员们猜一猜哪一条是错误的？

建议：每条特点都能与培训主题或内容有相关性，这样就会通过一个课程活动而产生多重效果。

记得有一位老师把自己的人生道路写成五条：公务员、店员、营业厅店长、经理、电信市场部经理，让大家找出不对的一条，由此引出自己很曲折但很励志的职场道路——辞去公务员职务，从一名店员努力奋斗做到市场部经理，让人印象深刻，充满钦佩。

在这里，老师没有夸自己一句"我很优秀"，但在潜意识里给学员植入了"努力奋斗，充满正能量"的感受，这正是我们想要达到的效果。

（2）可介绍自己的兴趣爱好，增添个人魅力。

我记得一个培训师介绍了自己的爱好——热爱极限运动，如滑雪、蹦极、攀岩、皮划艇等，并展示了自己到南极与企鹅亲密接触的照片，一下子就抓住了学员的眼球，瞬间树立了老师高大上的形象。

（3）通过一个典故、一首诗词介绍自己的名字，让人印象深刻。

在做自我介绍设计时，注意避免以下几点：

（1）避免自吹自擂

有一位讲师精心制作了一个个人形象短片，显示自己获奖无数，让大家看了 5 分钟视频，反而引起企业员工抵触："这是来学习的，还是来看个人广告呢？"其用心良苦，但是效果适得其反，不是方法有问题，是"度"的问题，我的建议是一开始不要把自己抬得太高，有趣而又低调的自我介绍是安全而且受人欢迎的。

（2）避免自恋式开场

有一位老师在介绍自己时，配了各种姿势的艺术照，不免有做秀之嫌，作为中国人的传统观念，为人师表，还是谦逊低调，以实力论英雄为好。

（3）避免自杀式开场

有的内训师上来就说："大家好！这是我第一次讲课，现在很紧张！"诸如此类云云，这不是找自杀的节奏吗？降低的不是别人的期望值，降低的是别人对你的信心值！

2.建立学员与学员之间的联结

如果学员之前是比较陌生的关系，那打破学员之间的人际冰山也是很重要的，可以组织一定的活动，让学员迅速拉近关系。

具体方法在这里不赘述，大家可以通过很多工具书找到方法，但是在活动设计时，建议考虑到以下几点：

（1）让大家动起来；

（2）让每个人都参与；

（3）让大家有机会交流；

（4）让大家有一个共同的目的；

（5）时间不要长。

需注意以下几点：

（1）任务要简单不要复杂：大家刚认识，不适合完成一个复杂的任务，而且复杂的任务会花费大量的时间，让人觉得进度拖沓；

（2）要有时间控制：需要给大家一个完成的时间限制，而不要让大家无限制的去完成任务，这样会混乱失控；

（3）不要只有一两个人参与：这样说会在一开始由少数人控制局面，不利于全体人员的参与。

3. 建立学员与内容之间的联结

就像前面提过的一样，每个成年人都是带着一定目的而来的，我们要让他觉得这堂课对他有帮助，与他高度相关。

哪些是可以吸引学员坐下来，认真听课的关键点呢？

（1）痛点：工作中碰到的问题或困难，苦于找不到解决方案；

（2）迷茫地带：个人成长上碰到能力天花板，不知如何突破；

（3）任务导向：需要完成一个重要的任务，不知如何下手；

（4）新观点：为适应环境变化，必须要补充的新知识、新技能。

所以我们鼓励在培训前，通过"需求调查"等多种方式了解学员实际情况，或是在上课前，迅速识别出学员心理诉求，并制作"建立联结"方案。记得有一次给某大型企业在海边酒店做内训师培训，学员陆续进来，一副海边度假的模样，一位学员说："老师，别讲了，这些课我都参加过好几次了，直接让我们去海边得了！"（面对这样的情况，好心塞啊！）

我微笑着说："据我了解到的信息，接下来每位老师要向公司提交一份精品化的课件，大家都有开始做吗？"大家都说还没有，那我就问大家："我们是要在课堂上尽快把课件做出来，还是回去以后自己加班呢？"大家说："那还是要尽快把课件完成。"我说："那好吧，我这堂课的任务就是带着大家一步步地把一个课件从无到有、从框架到细节、从内容到方法全部完成，让大家培训后产生一个精品课件，但需要大家的配合，在课堂上全情投入，可以吗？"于是有效的达成了一个共识——完成一个共同的任务。

第三步：聚焦问题

古人云"师者，传道、授业、解惑也。"企业中的培训更讲究实效性，要解决学员实际工作中碰到的问题，要么提供方法，要么提供思考问题、解决问题的思路。所以，我们上课前要准确探测到学员的"问题或困惑"究竟是什么。

聚焦问题的目的

1. 明确此班学员的水平和困惑点

每个班次的学员水平可能不一样，对问题理解的深入程度也是不一样的，所以要根据"每个班次"的学员来量身定制，而不是按经验办事，所以每堂课的"聚焦问题"环节就像一个需求调查，明晰学员的具体问题。

2. 激发学员的思考，让对方进入学习状态

当每个人思考自己工作中的问题或困惑时，才是真正开启学习状态的时候。梅里尔说过："学习本身所带来的成就感，是激发学员学习的重要动力，只有当学习者能看见自己的进步时才乐意学习。"所以我们先要把这种差距找出来。

3. 根据学员问题，做出弹性调整

当准确探索到学员的问题或困惑时，可以有能力对内容做出弹性调整，而不是照本宣科按照原来的进度去讲解。同时，在接下来的讲解中，老师可以不断回顾学员的问题，并给出建设性的意见，如果一堂课可以把学员的大部分困惑解决掉，那这堂课学员的满意度肯定高，如果

不以解决问题为前提，那老师口才再好，学员的反馈也是一般的。

聚焦问题的方法

有多种方式可以找到学员的问题，下面介绍三种主要的方法。

1. 直接询问法

询问大家对这堂课的期望，并在白板上记录下来。

好处：帮助培训师快速了解学员具体需求，以便对课程进行弹性调整。

2. 问题篮法

请大家把自己最困惑的几个问题写到即时贴上，并贴到墙上的问题篮中，统计大家的问题，形成一个"问题清单"。

建议：把问题清单贴到墙上，当讲到哪个问题时，要及时回顾并标明解决方案，直到问题解决为止。

3. 学员标星法

（1）请学员翻看一下学员手册，找出自己最感兴趣的 4 ~ 5 个地方，在上面标星号。

（2）小组选出共同感兴趣的 4 ~ 5 个地方。

（3）在课堂上分享内容。

好处：既可以让学员对培训内容有初步了解，建立框架感，又可以帮助培训师了解学员的兴趣点，方便对课程进行弹性调整。

前面三步是在开场的部分，那现在就进入到关键知识点的讲解部分，每个关键知识点可通过：激活旧知——示证新知——应用新知三步来完成，完成一个知识点再进入到下一个关键知识点的三步循环。

第四步：激活旧知

为什么要激活旧知

问大家一个问题："上课时愿意面对有经验的学员还是没有经验的学员？"

很多人会选择"没有经验的",因为"没有经验的"学员很容易掌控,而有经验的学员可能会有自己的看法和固有思维,可能向培训师发出各种各样的挑战,不容易驾驭。

其实两种学员各有各的优势和短板,有经验的学员会更清楚学习的困难和问题在哪里,可以运用以往的经验,更快速掌握新的知识和技能点,所以我们要善于"激活旧知"。

何谓"激活旧知"

前面已谈过,"激活旧知"是梅里尔五星教学中很有特色的一个环节,他指出"只有当学习者的原有相关旧经验被激活,引导学习者依据相关的原有经验并将其作为新知识的基础来回忆、联系、说明或应用知识时,才能够促进学习者的学习。"所以培训师在讲解每一个重要的知识点时,应先把学员对这个知识点的知识储备或经验调动出来。

梅里尔谈到激活旧知时,提到了三个关键点:

1. 回忆原有经验:回忆、说明或展示相关的旧知识。

2. 提供新的经验:补充新的经验。

3. 明晰知识结构:获得或者回忆组织新知识的结构。

"激活旧知"之运用

对此环节,笔者有两个方面的理解和运用,一是面对不同的学员,二是面对不同的知识点的运用,与大家分享。

1. 面对不同的学员"激活旧知"运用

在这里分享一个"半杯水策略",通常学员大体分为三种情况。

(1)第一种情况是:学员空杯。

学员对新知识的认识是非常少的,如新员工入职培训、新知识、新技术等的专业培训,学员对于这样的学习充满了敬畏和恐惧之情,例如,让一位销售人员参加一个 IT 知识的培训,或者让一位财务人员学习如何声情并茂地演讲，这些都会让他们心生恐惧，如坐针毡。

（2）第二种情况是：学员满杯。

学员都是这个行业或这项工作非常有经验的人，对于所学的内容往往认为自己早就了解了，根本不需要什么培训，来参加培训都是处于"被迫参加"的状态，他们时刻准备着评判内容，向老师发起挑战。

（3）第三种情况是：学员半杯水。

指那些既了解一些，又了解得不是很深入，在实际工作中有不少的困惑或问题期待解决的学员。

面对不同状态的学员，我们需要有针对性的设计"激活旧知"的环节。

（1）面对第一种学员：要让其联系以往生活中的经验，感受到自己已有半杯水，对自己建立信心。

例如，给一些新培训师上"课程设计"的内容，会让大家回顾一下自己在工作中写项目方案或工作报告是什么样的思路？自己的心得体会是什么？请大家分享，然后告诉大家，做"课程设计"与平时写项目方案或工作报告有相似的地方，大家已经有很好的经验，可以开始做"课程设计"了，充分鼓励，给予信心。

（2）面对第二种学员：可做适度测试或挑战，让膨胀的心回复到学习的状态。

特别适合对一些非常资深的人士进行培训时使用，我印象特别深的是有一次听用友大学校长田俊国老师的培训，下面坐的全是各个公司的培训经理、培训总监，田俊国老师分享有关"TTT"的课程，田老师上来就问了一个问题："有谁可以说出古今中外100位教育学家的名字和著作？"大家都摇摇头，田老师又问："有谁能说出近百年来最著名的有关学习、认知的流派和代表人物？"这两个问题就把现场的资深人士震住了，大家立刻感受到了差距，并调整好心态，认真听田老师的分享。

（3）面对第三种学员：直击问题，请其说出关于此知识点的心得或问题。

2. 讲解知识点时的"激活旧知"

在讲解知识时，有两种情况是学员很痛苦的：一种是内容过浅，听着没意思；一种是内容过深，学员听不懂。这两种情况都会让学员离开课堂。

所以在每讲到一个知识点时，我们要有意识地了解学员对此内容掌握的程度，以便做出调整，有以下几点供大家参考。

（1）通过提问了解学员目前的程度

例如，在讲劳动关系时，当下面坐的都是专业 HR 时，先来几个问题：

"下班买菜时发生意外算工伤吗？"

"下班骑自行车掉到沟里算工伤吗？"

"出差时晚上与朋友聚餐出意外算工伤吗？"

通过这几个问题既可以提升大家的兴趣，又可以了解听众对于"劳动关系中工伤界定"的专业程度，根据大家回答可以做出相应的判断，来决定下面的讲解程度。

（2）联系旧知，使讲解通俗易懂

当讲解一些专业课程时，特别是技术类课程，学员经常感到艰涩难懂，很难理解，究其原因，就是其中一些"专业名词"变成了理解的绊脚石，当一个概念与原来的知识体系毫无关联时，它就会变成一个费解的概念，所以我们要通过精心设计，把这些新概念与学员以往的知识进行链接，这样会大大降低学习的难度，使学习通俗易懂。

所以，可以说"激活旧知"既是块试金石，帮助老师测量学员的水平、程度，又是把"金钥匙"，帮助学员开启自己的知识宝库，这个环节的有效设计是很有意义的。

第五步：示证新知

挑战 7-3 在梅里尔的五星教学法中，有两种翻译说法，一个是 "Demonstration Principle"，一种是 "Show Me，请大家注意，是 Show Me，而不是 Tell Me，思考一下，区别在哪里？

SHOW ME   TELL ME

_____   _____

_____   _____

_____   _____

_____   _____

"Tell Me" 还是一种宣灌式讲解，通过大段讲述来让学员领悟新的知识点和技能点，而 "Show Me" 强调的是 "根据不同的知识点来选择不同的授课方式"。

梅里尔在这个环节谈到三个关键要点：

1. 紧扣目标施教：依据所教内容来展示论证知识技能；

2. 提供学习指导：提供从事例到概括的指导；

3. 善用媒体促进：媒体与教学内容相匹配。

就第一个关键要点，这就与第五章谈到的 "设定目标" 有紧密的关联，在内容的设计上要以 "教学目标" 为出发点，举例如下。

现在某银行推出 "消费贷" 业务，如果你是产品经理，在产品推出前，你的培训目标是 "让大家了解这个新业务、新产品"，那你做产品介绍就可以了，说明 "为什么要推出这款产品""这款产品特性是什么"，如果在半年后产品销售一般，你想提升大家 "推广这款产品" 的能力，那讲 "产品知识" 本身意义是不大的，而应针对 "客户经理如何看待这款产品？推广过程中碰到什么阻碍？有什么好方法可以解决？" 这些内容去展开，并且少讲多练，才会匹配你的培训目标。

关于第二点：提供从事例到概括的指导。

这需要培训师对所讲领域有更宽广的视野，有更深入的见解，给学员以指导，当我们提供一些参考案例时，尽可能用相同行业或相近行业的案例，例如我们给制造业讲如何制作培训资料，拿"销售课件"做案例，会让学员觉得有隔阂感，如果讲讲其他同类型企业是如何做的，会更有带入感。

关于第三点：可利用多种媒体手段，如视频、录音等帮助教学，提升教学效果。

教学方式的选择

在示证新知环节，梅里尔特别强调"以培训目标为核心的内容设定，并运用不同的教学策略来实施"。

在这里，谈到了教学任务的难度与教学策略的关系，现在思考一下。

如果有 4 个知识点，他们的难易程度分别是：

难度一：知识点 1

难度二：知识点 2

难度三：知识点 3

难度四：知识点 4

下面有四种教学策略，你会针对不同难度的知识点，分别运用哪种教学策略呢？

讲授法　举例法　体验法　演示法

可能答案是下面的选择，从听到到实际去做、去运用，当然具体的教学策略还要根据实际的教学内容而定。

难度一：知识点 1　　　讲授法

难度二：知识点 2　　　举例法

难度三：知识点 3　　演示法

难度四：知识点 4　　体验法

理解或掌握的难度越高，就需要运用更多样的教学手法，在前面第 2 章已为大家介绍了四种策略，在接下来第 8 章会为大家讲解多种教学方法，请综合参考。

第六步：应用新知（Application Principle）

挑战 7-4 请大家思考一个问题，如何让学员的学习实现最大转化率

我想大多数人的回答是"让学员去做，去运用"，我也认同这个观点，《荀子》谈到"不闻不若闻之，闻之不若见之，见之不若知之，知之不若行之。学至于行之而止矣"，意思是没听见不如听见，听见不如看见，看见不如了解，了解不知去运用，学习达到应用的目的也就可以停止了。所以，需要在课堂上对于每个关键技能点设置"应用新知"环节，确保学员掌握。

梅丽尔谈到"应用新知"，说到三个关键点。

1. 紧扣目标操练：依据外显的和内隐的目标来开展练习；

2. 逐渐放手操练：随着对任务的熟练和自主能力的提高，逐渐撤除教师的指导；

3. 变式问题操练：依据任务完成的情况提供自我内部的和矫正型反馈。

如何设计"应用新知"

1. 应用环节设计与带教的原则

原则一：循序渐进。

设计练习时要从浅入深，从简到繁，根据学员的程度逐步提升难度和复杂程度。

原则二：从指导下完成到独立完成。

开始是在导师指导下进行，导师提供反馈辅导，直到学员可以独立完成。

2. 应用的方式和方法

（1）技能类：设计角色演练、案例分析等方式

根据不同的课程设计不同的运用手段，如果是销售、管理、沟通等，可根据学员的实际工作情景进行设计，引导学员做角色演练等，现场练习。

（2）知识类

主要是对知识的理解和运用，例如，讲解一个管理学的概念，可运用案例分析等方式，让学员运用所学理论来解决一个复杂管理问题。如讲完绩效考核的原则，也可运用这个原则来评估现有的绩效考核制度。

（3）操作类：设计模拟场景的实操

印象深刻的是在 2008 年，摩托罗拉推出一款高端手机，里面内置了"导航"功能（在当时内置导航的手机几乎没有），在教室内讲了几次（室内无法实现卫星定位），可现场反馈销售人员还是不会，也不敢向顾客介绍，最后我们要求全体人员在户外实训，人手一机，可以完成几个常用场景的导航操作，逐一考核过关。通过这次培训，再也没有反馈说不会的了。

所以对于实操类技能，一定要真实演练，记得某生产企业的一个课程是"模具制作"，这个需要慢工出细活，设计了 7 天的培训，10% 是要点讲授，而 90% 的时间是学员实际打磨制作，师傅进行指导，这样的培训会更务实、落地。

像现在的 PPT 制作、EXCEL 运用、手机软件使用等课程，也需要学员真正完成一个 PPT 文件或是一个数据表的分析。

对于每一个重要的知识点或技能点，建议都可以根据以上三个环节做设计，使每一个知识点不仅能理解而且会结合实际工作去运用。当

然，这并不是绝对的，可以根据自己的知识点进行调整。

当完成所有的知识点讲解后，接下来就进入结束环节。以下三步是结尾部分需要特别关注的三个环节。

第七步：回顾总结

在此部分，可以做以下两件事：

1. 总结回顾所有知识要点，加深印象；

2. 测试评估，检验学员所学是否已达成培训目标。

每当到"总结回顾"部分，最无聊最无趣的形式就是老师说："让我们来回顾一下关键要点有哪些，第一条……，第二条……"，这会使学员有乏味的感觉，那如何让回顾变得很有趣味性呢？以下是几种建议。

以趣味的形式做知识点的回顾

1. 抢答竞赛式

由老师提出问题，请大家进行抢答，注意：

（1）比赛前可以给学员一些时间回顾一下所学内容（比赛不是目的，促进学员温故而知新是目的）；

（2）在奖惩方面可以做些设计，变得更有趣味一些，例如，答对加分，答错要扣分，这样大家就会想好再回答，而不是随意回答。

2. 车轮战

一个关键知识点在课堂上要重复至少 4~6 遍，学员才会把短时记忆转成长时记忆，所以我们可以通过一些设计，让学员加强记忆内容，这种方式效果非常好，供大家参考。

方式：

（1）以小组为单位，给大家几分钟时间复习所学内容，以关键知识点来出题，每组准备 10 道题左右。

（2）组与组之间 PK，规则如下：

1）一组出题，另一组负责回答，每一组都有出题机会和答题机会，形成车轮战；

2）"答题组"答对问题，即可加分，如果答错或答不出，则由"出题组"获得加分机会；

3）回答问题有时间限制，超出时间未答对即算答错；

4）其他组出过的题目，不得重复出类似题目；

5）每名组员都只有一次出题机会和答题机会，不得重复回答。

（3）可进行 2 ~ 3 轮比赛，整个比赛会很紧张刺激。

好处：

（1）通过以上方式，把学习自主权充分交给学员，反而给学员更大的学习动力和激励；

（2）在这个过程中，学员复习一遍，出题一遍，答题一遍，检查对错一遍，至少对重要知识点学习 3 ~ 4 遍，达到强化记忆，并检验学习成果的作用；

（3）加入激励竞赛机制，充分调动了好奇心和好胜心；

（4）让所有人都参与进来。

3. 卡片抢答

方式：

（1）给每位学员或每组学员空白卡片，请学员复习内容，并把关键问题写到卡片正面，并把答案写到卡片背面；

（2）老师收集所有卡片，请所有成员按组排成两列；

（3）老师念卡片的题目，请学员抢答，抢答正确的即可加分，抢答错误的则扣分；

（4）直到所有成员都抢答过题目为止。

好处：

（1）紧张、刺激；

（2）所有人都参与其中；

（3）对知识点重复巩固。

4. 海外游学

方式：

（1）请每个组在大白板纸上写上所学到的关键概念和知识点，越多越好，并以数字清晰标明，写完后张贴于墙上；

（2）然后每个组到其他组的白板纸前去"游学考察"，把对方没有写全的在白板纸上标注补齐，把对方想到而自己组没有想到的记录下来，所有组巡回一遍；

（3）回来后在本组白报纸前查看补齐的内容，并分享游学心得。

好处：

（1）对重要知识点重复学习 N 次；

（2）全体参与其中。

5. 检验测试

可出一系列的测试题来检验学员学习成果，那测试题也可以灵活多样，如实操题、选择题、配对题、视频题、是非题、填空题等。

建议以"情境化"思维来设计检测方式，即根据在实际工作场景中的运用来测试学员的学习，而不是简单地回答知识点。

例如讲"PPT 制作课程"，就请每位学员提交一份 PPT 作品，来评估 PPT 制作水平；例如讲"会议主持"，可请每三个人一组，每个人来主持一个会议；例如讲店面销售，就根据店面的实际场景做 20 个题库，每个人现场抽 3 个场景，根据要求现场立即做出反映，由老师打分评估。通过这种方式，可以扎扎实实地看出每个人销售水平的高低，培训的成长点和未来待提升的技能点。所以，建议设计多种形式的思考评估方式。

第八步：号召行动

所有培训的最终目的是培训对象的思想或行为发生变化，而这种变化可以体现在未来的工作中，所以我们需要让学员思考一下，通过学习，未来在工作中可以运用到哪些具体的知识和技能点，可以得到哪些改变。可以有多种方式，如下：

1. 5-3-1 模式

（1）每个人思考本次培训的 5 个收获、3 个未来的行动计划和回去立刻去做的 1 件事；

（2）与身边的一位同学分享自己的 5-3-1 行动规划；

（3）被分享者给分享一个激励（击掌或拥抱），祝对方早日达成。

2. 分享愿望，建立心锚

有一次培训到最后部分令我印象深刻，每位学员说一个愿望（或目标）并定一个时间期限，同时每人收到一份"特别的礼物"，看到这份礼物就相当于记起自己的心愿，当这个愿望实现的时候，就要与全体学员分享这份快乐。分享时，有人喜极而泣，有人快乐相拥，场面感人。而这份礼物就变成激励自己的一个"心锚"，每当看到这份礼物，就记起自己的愿望，充满了行动的力量。

3. 毕业典礼

如果一个较长的培训周期结束，最后来个感动而又喜悦的毕业典礼是个很好的选择，让大家彼此祝福，彼此激励，在快乐中结束一段难忘的学习时光。

在总体设计时，建议：

（1）要让所有人都参与进来，互相激励、互相参与；

（2）可有颁奖环节：为优秀学员或团队颁奖，为他们的付出表示认可，同时成为所有人学习的榜样；

（3）场面要温馨、快乐，让所有人享受这一刻：记得有一次给大家发了巧克力，规则是自己不能吃，而是要喂给自己觉得"从他身上学到最多"的学员，结果所有人都互相喂，场面十分开心、快乐，因为受到别人认可是最开心的。

第九步：感性升华

挑战 7-5 请根据整个培训，画出情绪线走向

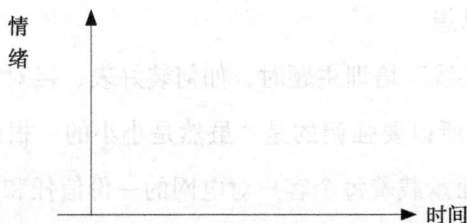

为什么要感性升华

记得有一个访谈节目，访谈南车集团总经理，主持人问道："你的梦想是什么？"总经理娓娓道来："现在很多中国人为了生活，奔忙在旅途上，而坐上火车就像回到了家一样温暖，现在很多同胞也在国外生活，我们南车人有一个梦想，就是希望我们的高铁技术可以走向世界，当中国人在异乡坐上了我们中国制造的高铁，就像回到家一样的感动温暖。"这一段话深深打动了我，令人印象深刻。这就是感性升华，最打动人的是情感的认同、情绪的同步，所以我们在最后结尾上不是草草收场，而是在情绪的顶点结束。

1. 激发情感上的共鸣

一个培训的好坏，除了给予实用的方法和技巧外，更重要的是让人

觉得有情感的共鸣，有认同感，所以可在最后让这种情感得到升华。

2. 让大家印象深刻

根据近因效应，最后结束的部分是印象最深刻的，所以要把培训结束的部分设计的令人印象深刻，难以忘记。

3. 适度升华，提升立意

学习一个课程的意义不在于掌握更多的知识和技巧，关键在于这些知识或技巧对于我们工作和生活改变产生的影响，可以放大这些影响，进一步促进学员改变的动机。

感性升华的具体方法

1. 提取核心思想

当讲"装表接线"培训主题时，如何装好表、接对线的前提和核心是"安全意识"，所以要强调的是"虽然是小小的一根线头，但连接的是千家万户，里面承载着每个客户对电网的一份信任和尊重，所以要规范操作，安全装表接线"。

2. 以小见大法

印象非常深的是"我是演说家"中探险家张昕宇在讲到驾船去南极探险时，当最后呼唤"长城站、长城站"几个小时后，终于听到来自南极祖国长城站的回音，感动至深，谈到为什么要去探险，是"为了告诉世界上每一个人，中国人可以做到，只要我们想，我们一定可以做到！"这一点打动了在场的评委和观众，赢得了人心。

阶段性的总结与运用

请对课程做细节上的设计和构思：

开场部分：＿＿＿＿＿＿＿＿＿

关键内容部分：_____

结尾部分：_____

第二节　教学方法设计

挑战 7-6　想象一下你参加一个培训，当老师持续讲一个概念或观点时，你最长可以保持不走神的时间是多长时间

A. 4 分钟

B. 8 分钟

C. 15 分钟

D. 30 分钟

经数据统计，一位成年人坐在位置上保持持续专注不走神的时间约为 6 ~ 8 分钟，那我们如何能让成年人持续坐几个小时，甚至 1 天、2 天呢？这就需要用不断创新的教学方式来刺激学员神经，像现在流行的行动学习、世界咖啡、体验式教学、沙盘教学、私董会等，都是学习方式上的创新。

多种教学策略的选择与使用

挑战 7-7　请写出你能想到的多种教学方式，并在最喜欢的教学方式上打勾

常见的多种教学方式有：_____

直接讲授法、图片、多媒体、分组讨论、案例分析、演示模拟（现场示范）、角色扮演、游戏、测验、问答、比较和对比、头脑风暴、案例分析、行动学习、沙盘模拟、论坛、访谈、专家咨询组、实战演练、阅读、匿名提问法、评论、辩论法等。

挑战 7-8　每一种模式都会对学员产生一定的刺激，现在就请把以上选出的教学方式，按照对学员心理刺激大小进行排序

最弱　　　　　　　　　　　　　　　　　　　　　　　　　最强

运用"学习心电图"合理规划课程节奏

当你发现不同的学习方式对学员的刺激不同时，就可以为你的课程绘制一张"学习心电图"，如图 7-3 所示。

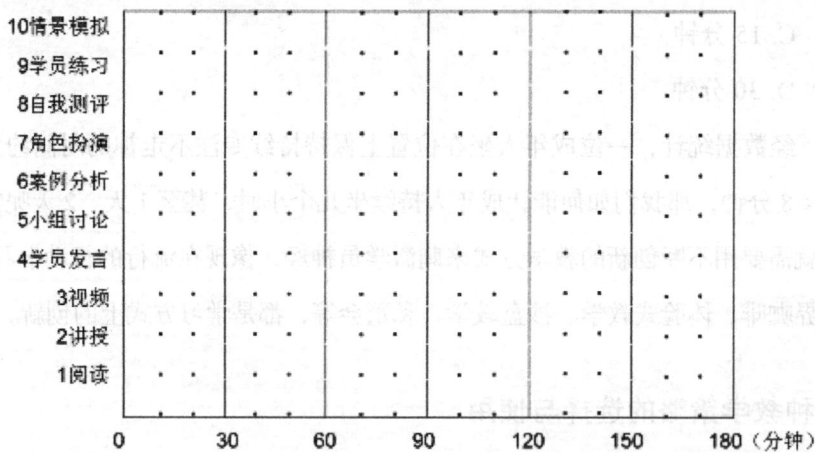

图　7-3

如果这个心电图很平缓，那你可以预判培训现场的氛围，我们更希望这个心电图会有一些变化，这样可以持续让你的学员跟着你的思路走。

如何生动地讲授

现在不少课程，特别是知识类、技术类、产品类课程，都需要老师讲授知识或理念，在讲授时可能出现的问题有：

1. 讲解专业名词或概念时，不容易理解；

2. 对于一些需要记忆的内容，不容易形成长时记忆；

3. 当长时间讲授时，很容易使人精神不集中，产生疲惫感，甚至讲授也变成"催眠曲"。

那如何让我们培训也讲的生动有趣呢？现在跟大家分享一些有效的方法。

方法一：关键词法

当我们在讲"管理"时，其概念是："有效地调动和运用各种资源来达到企业的目标。"我们可以问学员，作为一名管理者，对以上各个环节按重要程度进行排序，哪个最重要？为什么？由此引发大家对"管理"做深入的理解和剖析，理解深入而又印象深刻。

这就是"关键词法"——从一段文字或信息中提取出核心内容，与大家分享、探讨，既有深度、又容易让人记忆，所以，关键词法是特别推荐的一种方法。在使用时，有多种方法：

1. 总结归纳提炼关键词

我们在说内训师选题时，要满足四个要求。

（1）宜小不宜大，最好是小课题，小成果、小问题；

（2）培训主题要符合企业的实际情况，要实事求是地解决企业的实际问题；

（3）课程内容要有专业深度；

（4）主题思想观念、活动方式、课题内容等有创新，勇于探索新方法、新形式。

如果这样讲解，学员是很难记住这四个特质的，我们可以从中提炼出 4 个关键字——小、实、专、新，这样就非常容易铭记于心了。

2. 把关键词串成朗朗上口的语义口诀

当我们说"农夫山泉"，你自然就会说出"有点甜"；当我们说"我的地盘"，你自然就会说出"我做主"；当我们说"上火就喝"，你自然就会说出"王老吉"……

这些广告就是使用了"好听易记忆"的语义口诀，来影响大众的潜意识，从而转变成一种消费行为。在培训中，也可以使用这种方法，例如经典的"PDCA"管理循环、课程设计与开发的"ADDIE"模型，都是深入人心。

方法二：隐喻法

在 2014 年，小米总裁雷军说"站在风口上，猪也能飞上天"，这句话是什么含义？寓意是要"顺势而为"，所以，一个道理、一个概念、一个观点，都可以通过打比喻、做隐喻的方式来说明，做到通俗易懂，而又寓意深刻。

挑战 7-9 人类是通过视觉、听觉、触觉、嗅觉、味觉来收集信息，认知世界的，通过哪个通道获得的信息是最多的呢？分别是多少？请填到下面横线上。

视觉：_____

听觉：_____

触觉：_____

嗅觉：_____

味觉：_____

经调查研究，结果如下：[⊖]

视觉：83%

听觉：11%

触觉：3.5%

嗅觉：1.5%

味觉：1%

视觉对于人类收集信息、认知世界是最重要的通道，所以，这也给了我们一个启示，尽量把你的信息视觉化。

方法三：视觉化

视觉化教学手段

1. 一段难忘的视频

2. 一张精彩的图片

3. 一幅创意的手绘

4. 一个简约的模型

5. 一套鲜明的 PPT

⊖ 数据来源于《交互式培训》

视频的选择与使用注意事项

1. 视频的选择

现在互联网上有大量的视频资源，包括电影、电视剧片段、微课程、微电影，可根据自己的培训内容选择相匹配的视频资料，也可以自己拍摄、制作视频。

2. 视频使用

（1）内容相关性：一定与讲授内容高度相关，不要为了播视频而随意选择一段播放不相关的视频；

（2）时间控制：视频对人的关注度的刺激是有限的，一般建议在 2～3 分钟以内，超过 5 分钟后，人们对视频的兴趣和关注度会直线下降，所以不要使用过长时间的视频；

（3）剧情冲突性：内容要有戏剧性的冲突，平铺直叙的教学视频是没有吸引力的；

（4）带教方法：请学员带着问题去看视频，这样可提升视频教学的有效性。

3. 推荐的视频编辑软件

会声会影、Vegas 等，在现在微课程日益火爆的时代，一位培训师不仅要会用 PPT，更要学会用视频制作编辑软件。

4. 微课程的视频化

随着人们学习碎片化程度越来越高，更多的微课程受到欢迎，也可以制作一些生动有趣的 flash 来阐述一个概念或一个道理。

手绘

当我们在表达一个概念或一大段信息时，用寥寥数笔即可表达一个抽象的概念或一个模型，是不是一件很酷的事情？

现在越来越多的培训师把手绘运用到培训当中，记得我在接受一位澳大利亚培训师认证培训时，对我们的要求是讲 2.5 天的课程，不允许用任何 PPT，全程都要用白板纸手写和手绘。之后很长时间的培训，都不会用 PPT，而是通过对培训知识的融会贯通，带着大家去探索和学习，这也使我有更强的敏感度来关注学员的学习状况。

在这里就不特别介绍手绘的学习方法了，建议大家看两本书：一本是《视觉会议》、一本是《餐巾纸的背面》，还可以参加毛泡泡老师的手绘课程。

模型

当我们在介绍一堆信息时，其中的逻辑关系是什么？如果只是罗列出来，很难帮助学员理清其中的关系，所以，我们可以用各种图形来表达一连串信息的内在关系，在 PowerPoint 里面自带的 Smart 图形，可以充分利用。

在前面第三章示证新知部分已讲解过常见的几种模型，在此不再赘述。

方法四：演示法

在介绍产品或某项工艺操作时，最有效的方法是演示法。俗话说："耳听为虚，眼见为实。"通过演示，让学员真正了解到产品的特性或是操作要点，大大提升信服力或者很容易让学员去学习。

之前我有段时间做"健康食品"培训，要知道销售健康食品是有难度的，卖的是概念，价格贵，吃完也不会产生立竿见影的效果，那如何能"让健康食品自己去说话"呢？我有次介绍新产品"甲壳质素"，谈到它的健康减肥功能，拿了一个透明玻璃杯，里面倒上一层花生油，然后倒进一颗甲壳质素，过一会，就会看到甲壳质迅速吸附油脂并成为一个团状物，清晰说明了它具有强悍的吸油功能，并且会以物理形式排出体外，对身体没有任何副作用。通过一个小小的演示，让经销商非常惊讶，当场就下了不少订单。

所以，如果是产品类的培训，建议要运用这个方法。当然，这需要观念的转变，我记得之前的手机发布会都是介绍功能、参数，在乔布斯的带动下，现在所有的数码新品发布会，都是给大家现场演示出功能，这样更具有说服力，记得之前我的同事在新品发布会上运用 6 分钟展示新一代智能手机的多个功能，全程是边讲解、边演示，而且邀请现场人员参与体验手机，效果非常震撼，赢得了整个手机界的关注。

方法五：讲故事

身边同行对于"讲故事"这种方法持两派意见：一种觉得太小儿科了，很像给小朋友讲课；另一类对"讲故事"这种方式大加推崇，这可是众多名人、政治家最喜欢用的方式，而且要讲好一个故事难度很高。你赞成哪一种意见呢？

有意思的是，推崇"讲故事"这种方式的往往是纵横培训十多年经验的"老人家"。我们可以看到，无论是政坛领袖，还是商场领军人物，只要是个演讲高手，就会很擅长运用故事来表达自己的观点，像"乔布斯在斯坦福毕业典礼的演讲"，就用三个故事来串起 13 分钟的演讲，像"奥巴马夫人米歇尔在奥巴马竞选大典时，深情讲演了自己与奥巴马的故事，而成功帮助夫君赚得了几十万的选票"，像这样的例子更是不胜枚举。

当我们在做企业文化、意识、态度类培训时，特别适合用这样的方法，记得有一位老师对新员工讲"安全生产"的重要性，就讲了一个故事。

她伸出了左手的食指并问大家："大家看，我这根手指是不是和有些特别？在我 5 岁时，家里有台缝纫机，我对它很好奇，手指就伸到了针头下，而脚却踏到了脚踏板上，一踩，结果那根针就扎穿了手指，我永远记得那一刻撕心裂肺的痛！送到医院经过治疗，伤好了却留下了永久的遗憾——这根手指永远变形了。以往我非常羞于给别人看这根手指，但今天我想展示给大家看，当初没有人告诉我"缝纫机是危险的"，以致成了终生的遗憾，而今天我就是想告诉大家在未来的生产中，可能会有的风险点，希望大家重视，不要给自己留下不可挽回的遗憾。"

这个故事讲完，所有人都安静了，并立刻对下面的内容高度关注。

在上一节已经讲过有关"讲故事"的建议，现在与大家分享一下讲好故事的几个关键点。

讲好故事的四个基本要素

1. 冲突：在故事的内容组织上要有戏剧冲突，就像电影或电视剧一样，要有激烈的冲突或出乎意料的结尾，才能让人印象深刻，而平淡无奇的故事是无法吸引人的。

2. 情感：讲故事时要有情感的注入，通过声音的高低、快慢、急缓来表现剧情，有画面感，无需过多的技巧，而只要让自己投入感情在其中，一样可以直击心灵。

3. 细节：在讲述故事时，要有细节的描述，这样会更真实、有强烈的带入感，就像亲身经历一样。

4. 简洁：当你做到前面三点，很容易出的问题就是"拖沓"，过多细节的描述可能变成"赘述"，过犹不及，请大家谨记最后一条就是"简洁"，避免无关紧要的前因后果的描述，直击关键环节。

有意识训练自己讲故事的能力

平时可以运用身边的一些素材、亲自经历的事情或看到的故事，自己来构思一些故事，放到合适的培训中，这样不仅可以扩充培训时的素材，而且可以锻炼自己的想象力和表达力。

我有一个孩子，每天晚上都要我讲故事，我讲故事从来不用画本，张口就可以讲一个全新的故事，现在已经有不同的系列故事了，如小狮子系列、小白兔系列等，讲故事一开始是一种无意识的行为，但现在我觉得这是很好的训练，提升自己的想象力，快速思维，组织内容的能力，而且每个故事还要告诉孩子一个简单的道理，建议大家有条件的话，可以多多尝试。

前面已经与大家分享过最好的故事其实就是自己的故事，鼓励原创，而非照抄。那现在就请大家以下面的课题为主题，来构思一个自己专属的故事。

1. 我记忆深刻的一件事；

2. 我的父亲或母亲；

3. 对我一生都有影响的一件事；

4. 我难忘的一段感情。

现在就请花 10 分钟来构思并讲一下这个故事吧。

建议　建立专属你的资料库

现在不缺资源，缺的是用心收集、细心整理的心，可在你的电脑里设置一个"培训资料库"，把日常所见的、与培训相关的图片、媒体、模型、视频、故事、观点、名人传记等资料分门别类整理好，以备需要时及时找到。

第八章

设计体验

第一节　体验式教学

体验式教学

　　所谓体验就是设计一项或一系列的活动，让学员通过观察、行动和表达的形式参与其中，并从中获得直接的感受和认知。体验式教学并不是一个新的教学模式，早在 20 世纪就有了尝试和研究，最早在 20 世纪初的德国，曾在牛津受教的教师科翰（Kurt Hahn）就对传统讲授法的教学模式提出质疑并提出体验式培训的概念，他谈到如同学游泳、学脚踏车，通过亲身体验获得的经验可能会终身不忘。同时，他也创建了世界最知名的体验培训机构——拓展（Outward Bound），亲自验证了这一方法，现在体验式培训已成为最有力量、最有效且具影响力的培训方式之一。

体验学习圈理论

　　在 20 世纪 80 年代美国心理学家、教育学家大卫·库伯（David kolb）

在经验学习模式的基础之上又把"体验教学"提升了一大步，提出了经典的体验学习圈理论（experiential learning），他把体验学习阐释为一个体验循环过程：具体的体验——对体验的反思——形成抽象的概念——行动实验——具体的体验，如此循环，形成一个贯穿的学习经历，学习者自动地完成了反馈与调整，经历一个学习过程，在体验中认知，如图8-1所示。

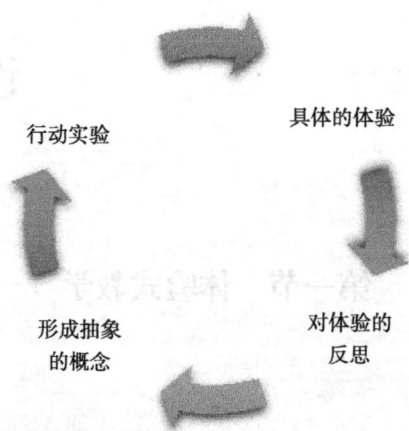

图 8-1　体验学习圈理论

这几年"体验式教学"更是备受推崇，因为在体验式教学的课堂上，学员非常享受上课的时光，现在已衍生出多种教学模式，例如，沙盘模拟、游戏教学、户外拓展等，让学员参与其中，自己和身边的同伴成为学习的主体，真正体现了"以学员为中心"的主旨。

EAT 模型

如何在培训中运用体验教学？

美国培训大师鲍勃·派克谈到了课程设计的工具——EAT模型，个人亲自实践，感受颇深，他谈到要让学员获得"某种认知"时，除了直接讲授理论，让学员通过"体验"去学习，更容易让学员获得这种认知，所以，当我们在传授给学员一个知识点时，可以设计成 T-E-A 模式或者 E-A-T 模式，如图 8-2 所示。

图 8-2　EAT 模型

体验式教学在培训中的运用形式

1. 一种是在培训教学中，就某个知识点运用"体验式教学"的方式，传递给学员一种技能或知识，这种简单、有效，推荐使用。

2. 另一种是把整个培训设计成一个大的体验活动，而讲授只是其中的一小部分。

我印象非常深的培训是德国的一个培训"黑暗中的对话"，全天培训没有一位导师在讲大理论，而是通过一个又一个活动或任务来完成，在整个过程中，每个人都不断转换角色，担任队长、团队成员或协作者等角色，并通过导师和小组成员的点评，让自己有了更加全面、深入的认知，至今都让我印象深刻，感受至深。这就是全程参与，高水平的体验式培训，当然这需要一个课程研发团队，经过数月打磨才能形成的培训课程，它需要很强的创新能力和对内容深入的理解。

我们想与大家分享的是如何把培训中的一个知识点或能力点设计成"体验"的小活动，自己来原创一些体验式教学活动。

设计体验教学

经过个人多年的教学实践，我总结了体验设计的四个步骤，如图 8-3 所示。

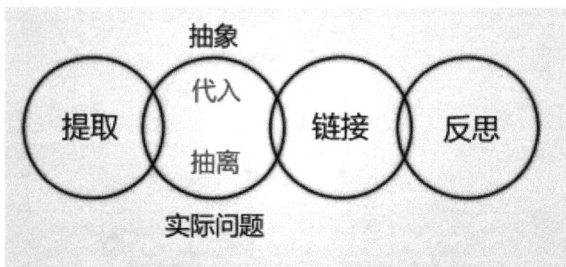

图 8-3　体验设计四步骤

第一步：提取

不能为了体验而体验，要明确体验的目的是什么？希望学员收获的关键点是什么？所以我们要以终为始，提取要让学员体验的关键因素。

1. 难以理解的新知识点或新概念；

2. 容易怀疑的观点；

3. 平时认知的误区。

第二步："抽离"或者"代入"

在这里分为两种情况，当你讲述的是一个抽象的概念或知识点时，建议用"代入"法，而如果讲解的是一个现实的困难或问题，建议用"抽离"法。

1. 抽离

当学员在面对实际问题或困难时，很容易当局者迷，冥思苦想也得不到解决问题的钥匙，这时候，抽离到一个其他的场景中来制造体验，会让学员有恍然大悟的感觉。例如，当我们在讲沟通的"换位思考"时，职场人士都清楚，但是在实际的工作中又常常忘记，那如何让"商人"

理解并认知到这一点的重要性呢？可以让大家体验一下"一线生机"，带领大家从实际的工作中抽离出来，进入一个不同的情境中，在这里大多数人都在强调自己的重要性，而忘记对方最为关注的不是你的重要度，而是能否把自己救出去，通过这个游戏，大家对沟通中的"换位思考"会更有感触。

2. 代入

当讲解的是抽象概念或不易懂的内容时，就可以用另一种思维模式——把抽象的概念代入到真实的生活场景中，这样就更容易让人理解。

例如，讲解"黎曼几何"的概念，"研究具有黎曼度量的光滑流形，特别关注于角度、弧形长度及体积，着重研究的是球面几何和双曲几何"。仅看这个概念，很难让人理解，那现在可以把这个概念放到日常大家熟悉的情景里，通过一个体验让大家去理解：

（1）让学员拿一张纸画一个三角形，问三个角内角和是多少度？

答案是 180 度；

（2）让学员把白纸卷成一个圆柱体，在表面画一个三角形，试问在空间里三条边是直线还是曲线？三个角内角和是多少度？

经思考答案应该是曲线，并且内角和大于 180 度；

（3）再让学员展开纸，在凹面内画一个三角形，问内角和是多少度？

结果是小于 180 度。

（4）以往我们学习的是平面几何，而"黎曼几何"研究的是在曲线或球面环境下关于线性和角度的问题。

现在理解了"黎曼几何"的概念了吗？通过把"抽象概念"与"实际生活"相结合，而且通过活动让大家亲自体验，就会使内容更容易理解，印象更深刻。

第三步：链接

当学员完成体验时，要把体验获得的感受与知识点链接起来，使学员产生移情，并对新知识达成共识。

"一线生机"中的场景就像是平时在工作中说服别人认同我们的观点，而曲面就像是黎曼几何研究的领域。

第四步：反思

最后可以请学员对刚才的体验活动分享自己的感受，并思考在具体工作中或者在其他领域的实践。

体验教学在培训中的运用

在"体验式教学"模式的倡导下，很多培训老师在培训中设计了精巧的体验环节，现为大家展示一部分，希望对读者有所启发。

产品类或知识类

把握一个宗旨：让产品自己去说话，通过体验来让培训对象自己总结出产品特点，既深刻又让人信服。

⊙ **案例一：智慧家居照明**

背景：某世界著名照明专家品牌推出全新的智慧家居解决方案，需要向经销商介绍全新的概念。

1. 提取：在传统概念中，照明并无智慧可言，如何能让经销商体会到什么是"智慧照明"，并对新方案有赞叹的感觉，即时形成订单。

2. 代入：把抽象的概念与实际的生活接合起来，进行现场演示，增强说服性。

体验方案：在中国内地的演讲会场，现场用一部手机实现对中国香港办公室照明系统的遥控，包括开关、明暗，每位经销商都可现场体验，而且大屏幕即时可显现香港办公室的照明情况（这种体验让大家有

"大开眼界、高科技"的感觉)。

3.链接：你们感受到"智慧照明"的内涵是什么？

4.思考：智慧照明方案给客户带来什么样的好处？未来我们可以给哪些客户介绍我们的智慧照明方案？

⊙ **案例二：水的折射的原理，光在不同的介质中，折射率不同**

1.提取：明白在不同的介质中，光会有不同的速度。

2.代入：是抽象的概念，所以要代入到实际的生活场景中。

体验活动：

（1）老师请所有学员到操场中，在跑道上跑100米，计算一下距离和时间，得出速度。

（2）再到沙坑里跑，计算一下距离和时间，得出速度。

（3）对比两种速度，并询问学员在两种场地跑步的感受？

3.链接：光与我们是一样的，在不同场地速度是不一样的。

4.反思：还有哪些自然现象会有类似的情况？

态度类

⊙ **案例三：企业文化的重要性**

1.提取：员工觉得企业文化是虚的，并不重要。

2.抽离：让学员屏息30秒，询问什么感受？结果是很痛苦的。

3.链接：企业文化就像空气，看不见摸不着，却对每个员工都至关重要，如果没有健康的企业文化，就会让员工像窒息般难以忍受。

4.反思：我们应如何从自己做起，营造清新健康的企业文化呢？

技能类

⊙ **案例四：辅导的步骤**

1. 提取：主管在辅导员工时通常有一个误区就是，"我示范一下，你就应该会了，而无需更多讲解"。应当让学员意识到这样是无效的辅导。

2. 抽离：运用四巧板"T字之谜"，每组选一个组长，给组长示范摆一个T字，然后让组长教给每个组员摆出来，看哪个组最快可以完成。

3. 链接：为什么我们已看了摆T字的示范，自己却做不出来？

4. 反思：当我们辅导时，采用什么样的流程才能保证对方学会？

培训体验设计关键点

大家在做体验方案设计时，注意以下三点。

1. 简单易行：不要过于复杂，越简单很容易实现，实操性会更强；

2. 众人参与：尽可能让所有学员都有机会参与其中，只有参与才会有真实的体验；

3. 紧密相关：不是为了体验而体验，而是为了让学员有深刻的反思而设计的体验，要与内容高度相关。

第二节　情境教学

情境教学

什么是情境教学

情境教学法是指在教学过程中，老师有目的地引入或创设具有一定情绪色彩的、以形象为主体的生动具体场景，引起学员的态度体验，从而帮助学生理解知识，并使学员的心智得到成长的教学方法。在实际的企业内训中，应做到两点。

1. 以业务为背景：把实际的工作场景设计为"情境"；

2. 以问题为线索：以工作中实际碰到的困难作为具体的"任务"。

通过引领学员分析问题、解决问题来达到帮学员提升实际工作能力的目的。

情境教学的好处

1. 可提升学员对实际问题的分析能力和解决能力；

2. 对实际问题的解决有方向性的指引；

3. 现场实操，立刻掌握方法或技巧；

4. 印象深刻：亲自参与了解决问题的整个过程，记忆度高。

情境教学的具体方式

常用的方式有：角色扮演和案例教学法。

案例教学设计

案例教学法在管理教学中的应用由美国哈佛商学院首开先河。1908年，哈佛大学创立企业管理研究院，首任院长盖伊建议组织学生讨论管理案例以作为课堂教学的补充。从 1909 ~ 1919 年，该院请管理人员到课堂提出管理中的问题，然后要求学生写出分析和建议。第二任院长华莱士 B. 唐哈姆是一位由案例法培养出来的律师，他看到了在管理领域使用案例的重要性，并全力推动哈佛商学院施行案例教学法。在他的促进下，1920 年，哈佛成立案例开发中心，次年出版了第一本案例集，由此奠定了管理教学中案例教学法的基础。

从 20 世纪 40 年代中期开始，哈佛大力向其他商学院推广案例教学法。但案例教学法因为有违传统的教学方法论原理，不符合传统习惯，在美国管理教育界的推广也经历了较长时间。直到 1955 年，在福特基金会 100 万美金的资助下，哈佛商学院连续举办了 11 期 8 周制的案例教学暑期研讨班，先后邀请了 119 所院校的 227 位管理学院院长与资深教授来参加，才逐步就案例教学的意义、特点与有效性建立了初步的共识，为其推广提供了认识上的基础。

教学案例的设计模式

教学案例设计一般包含五个部分内容，如表 8-1 所示。

表 8-1　教学案例设计要素

	要素构成	要求	举例
1	背景	描述事件发生的时间、地点、技术条件、市场环境、人物（人群）特点等体现事件典型性的背景条件	陆鹏是某公司销售部的一名员工，人比较随和，不喜争执，和同事的关系处得都比较好，但是，前一段时间，不知道为什么，同一部门的张力老是处处和他过不去，有时候故意在别人面前指桑骂槐，对跟他合作的工作任务也都有意让陆鹏做得多，甚至还抢了陆鹏的好几个老客户
2	事件	对事件过程进行描述，对相关过程、动作、措施、反映等事件内容的记录	起初，陆鹏觉得都是同事，没什么大不了的，忍一忍就算了，但是，看到张力如此嚣张，于是，一赌气与张力大闹一顿，从此二人成了绝对的冤家
3	问题	提炼出案例意图体现和讨论的主要议题	身为销售部经理的你，如何处理陆鹏和张力的关系
4	解决方案	将案例中的解决措施做相应总结和归纳，作为以后处理相应问题的指导	
5	点评	由相关专家或案例管理部门对案例中问题的处理做出点评，并总结出相关的规律性和解决方案建议	

在管理领域中，一个案例是关于一个管理问题或一个公司的几个管理问题或管理决策的描述。通常是从所涉及的决策人的角度来描述的。案例作者必须提供与问题存在时或需要做出决策时的情景及相关事实。

下面我们先来看一个案例。

"康师傅"是如何熬成的（案例 A）

自从祖国大陆实行改革开放政策以来，寻求发展的台湾人，纷纷涌向大陆投资或抢占市场。在他们看来，港澳商人已先他们一步抢占了珠江三角洲一带，因而他们一进入，便直接将目标指向京津及内陆腹地。虽然海峡两岸依然存在政治、经济上的巨大差异，但大陆无比巨大的潜在市场却深深吸引着他们。

台湾顶新集团就是渡海掘金队伍中的一员。"顶新"的前身是1958年创立于台湾彰化的顶新油厂，1988年10月开始投资大陆，成功推出了"康师傅"快食面。发展至今，顶新集团在大陆投资总额近120亿人民币。食品事业部拥有"康师傅""福满多""3+2"等一批知名品牌；流通事业部已在全国主要城市建立了56个物流配送中心，15家生活购物中心（乐购）；餐饮连锁事业部已在全国建立了273家德克士炸鸡连锁店及7家有乐和食日本拉面店。顶新集团凭借着"康师傅"在大陆迅速成长。

1."先声夺人"占据市场

早在1988年，顶新集团的魏氏兄弟就开始投资大陆。企业从一开始就确定了"务实诚信"的经营观念，产品力求以好的原料、好的品质、好的技术达到物超所值的标准。1990年，在北京投资建厂，由于具有20多年的生产油脂类产品经验，利用其优良的制油经验，先后生产出顶好清香油、顶好健康油、顶好纯香油等系列食品油。但此时，"顶新"发现，京城的食用油市场上已是群雄逐鹿，"金龙鱼""绿宝"等深港产品到处充斥着市场。顶新要寻找新的商机。当时魏应行经常在外出差，习惯带上一种从台湾带来的方便面。他渐渐发现，一同搭车的人对他的方便面常常十分好奇，经常有人打听甚至询问何处可以买到。魏应行敏锐地捕捉到了这个巨大的市场需求，由此展开了在大陆食品业打天下的开端。

1991 年年底，顶新集团把目光瞄准了快食面。当时，大陆的方便面历史虽已有 10 多年，北京、广州两市，分别拥有了 60 多条和 50 多条方便面生产线，但是，都是几毛钱一袋的廉价的方便面。这些由不同厂家、不同生产线生产出来的方便面，牌子众多，品质低下，包装简陋，且不注重宣传。魏应行想：如果有一种方便面物美价廉，一定很有市场，于是决定生产这种方便面。

1992 年伊始，顶新集团首脑得知，已有不少港台商人不动声色在打京津方便面市场的主意，包括统一集团。像统一集团这样有实力的集团，如果先己一步在京津打开市场，那么顶新将难得再分一杯羹。

因此，顶新加快了速度，并投入了大量的资金于部署中，在品牌制作、广告宣传、产品质量、包装及营销等诸方面各环节开足马力，希望一鼓作气，迅速占领、巩固市场。几个月后，这种名叫"康师傅"的方便面面市了，它品质精良、汤料香浓，杯装面和袋装面一应俱全，更重要的是它有一个"康师傅"的名字。之所以取这个名字，是为了适应北方人的思维方式，在北方人眼里，"师傅"这个词显得较为专业，而姓氏则取用"健康"的"康"字，以塑造"讲究健康美味的健康食品专家"形象。

与此同时，报刊上、电视上，"康师傅"的广告铺天盖地，宣传最火热的时候平均每天仅在电视上就出现百次。在如此的宣传攻势下，京城迅即刮起了一场购买"康师傅"的快食面热。据顶新国际集团副董事长魏应行 1994 年接受中新社记者黄少华采访时描绘当时的"火爆"场面：每天清晨，天津顶新公司的门前就排起汽车长龙，人们翘首等待着从生产线上下来的"康师傅"，有的客户甚至是在公司门口席地而卧连夜等待……

在京城一炮打红后，顶新集团连续投资在各地设厂，搭建生产线，以超常规的速度急驰。康师傅的生产布局规划是，直径 500 公里内要有一个方便面生产基地，以把运费控制在销售价格的 5% 以内，由此实现新鲜度、销售价与成本的最佳组合。到 1994 年上半年，该集团总投资规模超过了 3 亿美元，企业达到 12 家，遍布于北京、天津、济南、上海、广州等地，日产"康师傅"方便面达 30 万包。这种超常规的发展其实也隐藏着一定的风险，一度使"康师傅"的资金链非常紧张。但为了尽快地完成布点，先入为主地占据当地市场，"康师傅"还是采取了这种快速扩张的战略。顶新集团副总裁李家群多年后在谈到"康师傅"的成功时曾说："最重要的是我们抓住了先机，抢到了'第一品牌'的形象，若是换在今天，任何一个品牌也不可能做到这样。"时机和速度成就了康师傅，从此，康师傅盘踞大陆方便面市场的龙头地位达 10 余年之久。

2."一体化战略"巩固市场

1991 年，当顶新在天津的第一条碗面生产线正式呱呱落地，一次订货会就拿到了 3 个月的订单时，没有想到竟然会为找不到一家生产面碗的企业而犯愁。虽然当时顶新已向北京的一家公司下了订单，但由于对方不能及时交货，顶新的生产线时走时停。在这种情况下，企业在内地合资成立了一个专门做面碗的工厂——育新塑料包装公司。同样的事情还发生在袋装方便面的生产线上。由于企业不能忍受包装袋生产企业 2~3 个月的出货期，"顶新"又如法炮制，成立了顶正印刷包材有限公司。为了避免类似的故事再度演绎，"康师傅"打消了"事事求人"的念头。为了解决对脱水蔬菜大规模的需求，"康师傅"投资巨资建立了顶芳脱水蔬菜有限公司；为了实现配送的准时和仓储的先进，康师傅自建了独资的顶通物流公司。

在天津经济技术开发区，各种配套企业一应俱全，负责包装材料生产的顶正印刷包材有限公司、负责包装纸箱生产的顶信纸业有限公司、负责面叉生产的顶盛塑料制品有限公司、负责机械制造及安装的顶嘉机械有限公司、负责生产变性淀粉的顶峰淀粉开发有限公司以及负责物流配送的顶通物流有限公司等这些康师傅直接控股的"顶"字辈都会在眼前悉数排列开来。顶新曾经很愿意把功劳记在"一体化经营"上,并认为,"康师傅"能发展到今天这样的规模,与管理者从一开始就较好地从战略层面上解决了原材料的配套问题有很大关系。

随着竞争日趋激烈,"康师傅"开始为一体化发展而不安。因购买设备和建设厂房投入过大、国内方便面市场出现萎缩等原因,顶新集团在5年前就出现过资金断裂的危机,最后顶新不得不将"康师傅"控股33.14%的股份卖给日本第二大方便面生产企业三洋食品株式会社。此外,配套厂如今已经暴露出了产能过剩的矛盾。"康师傅"控股连续两年的年报显示,"配套事业群"和"其他"事业单位对"康师傅"的营业额贡献大约为2%。同时,各企业间的摩擦、管理也令"康师傅"感到十分棘手。拿印刷好的纸箱和包装袋来说,假若是外部供货商,如果产品一旦被定为次品,对方不仅要承受扣款的损失,而且还要打回去销毁,但以同样的顶新标准进行品质检查时,如果问题发生在顶正的产品上,往往不会特别严格地进行退货处理,通常是两边的台籍经理互通电话,最多扣款5%了事。因为,在这种"顶"字号"一家亲"的大环境中,以台资企业上下级间森严的等级关系,很少有经理真的敢"大义灭亲",拿自己的职业生涯开玩笑。

思考题

1. 用战略分析的有关知识谈谈顶新集团是如何进行生产"康师傅"方便面的战略选择的?

2. "康师傅"方便面的一体化战略有何优劣? 对于顶新集团暴露出来

的问题你认为该如何解决？

案例分析目的与要求

本案例分析目的：通过对具体企业的运营实践分析，引发学生对企业扩张战略模式的认识和思考，增强学生解决企业运营的实际能力。

启发学生思考要点：（1）战略分析的内容有哪些？（2）什么是一体化增长战略？有哪些增长模式？（3）采用这些战略需要什么条件？

本案例分析路径：（1）战略分析包括外部环境分析和内部资源与能力分析，决定产业竞争的五种力量。（2）组织的一体化增长战略：纵向一体化、横向一体化等。（3）"康师傅"的一体化战略有利于扩大市场份额，但是如果管理不善，负面效应不可低估。因此，战略转型需要考虑企业拥有和能够利用的各种资源和优势，如人才、组织模式、技术和市场等。

（资料来源：王海鉴《战略管理案例精选精析》，中国社会科学出版社）

这是一个标准相对复杂的案例，具备了案例的所有要素：主题、背景、事件、问题、解决方案等。但是篇幅太长，分析的维度太多，需要学习者具备相当的管理素养。如果精简这个案例，可以怎样精简呢？

其实这个案例可以拆分为下面两种类型的案例。

康师傅的一体化战略（案例B）

在天津经济技术开发区，顶新集团（康师傅）各种配套企业一应俱全，负责包装材料生产的顶正印刷包材有限公司、负责包装纸箱生产的顶信纸业有限公司、负责面叉生产的顶盛塑料制品有限公司、负责机械制造及安装的顶嘉机械有限公司、负责生产变性淀粉的顶峰淀粉开发有限公司以及负责物流配送的顶通物流有限公司等这些"康师傅"直接控股的"顶"字辈都会在眼前悉数排列开来。"康师傅"能发展到今天这样的规模，与管理者从一开始就较好地从战略层面上解决了原材料的配套问题有很大关系。

随着竞争日趋激烈，"康师傅"开始为一体化发展而不安。因购买设备和建设厂房投入过大，国内方便面市场出现萎缩等原因，顶新集团在5年前就出现过资金断裂的危机，最后顶新不得不将"康师傅"控股33.14%的股份卖给日本第二大方便面生产企业三洋食品株式会社。此外，配套厂如今已经暴露出了产能过剩的矛盾。"康师傅"控股连续两年的年报显示，"配套事业群"和"其他"事业单位对"康师傅"的营业额贡献大约为2%。同时，各企业间的摩擦、管理也令"康师傅"感到十分棘手。拿印刷好的纸箱来说和包装袋来说，假如是外部供货商，产品一旦被定为次品，对方不仅要承受扣款的损失，而且还要打回去销毁，但以同样的顶新标准进行品质检查时，如果问题发生在顶正的产品上，往往不会特别严格地进行退货处理，通常是两边的台籍经理互通电话，最多扣款5%了事。因为，在这种"顶"字号"一家亲"的大环境中，以台资企业上下级间森严的等级关系，很少有经理真的敢"大义灭亲"，拿自己的职业生涯开玩笑。

思考题：

你认为康师傅应该如何调整战略？

康师傅的抢先战略（案例C）

1991年年底，顶新集团把目光瞄准了快食面。当时，大陆的方便面历史虽已有10多年，北京、广州两市，分别拥有了60多条和50多条方便面生产线，但是，都是几毛钱一袋的廉价的方便面。这些由不同厂家、不同生产线生产出来的方便面，牌子众多，品质低下，包装简陋，且不注重宣传。魏应行想：如果有一种方便面物美价廉，一定很有市场。于是决定生产这种方便面。

1992年伊始，顶新集团首脑得知，已有不少港台商人不动声色在打京津方便面市场的主意，包括统一集团。像统一集团这样有实力的集团，如果先己一步在京津打开市场，那么顶新将难得再分一杯羹。

因此，顶新加快了速度，并投入了大量的资金于部署中，在品牌制作、广告宣传、产品质量、包装及营销等诸方面各环节开足马力，希望一鼓作气，迅速占领、巩固市场。几个月后，这种名叫"康师傅"的方便面面市了，它品质精良、汤料香浓，杯装面和袋装面一应俱全，更重要的是它有一个"康师傅"的名字。之所以取这个名字，是为了适应北方人的思维方式，在北方人眼里，"师傅"这个词显得较为专业，而姓氏则取用"健康"的"康"字，以塑造"讲究健康美味的健康食品专家"形象。

与此同时，报刊上、电视上，"康师傅"的广告铺天盖地，宣传最火热的时候平均每天仅在电视上就出现百次。在如此的宣传攻势下，京城迅即刮起了一场购买"康师傅"的快食面热。据顶新国际集团副董事长魏应行1994年接受中新社记者黄少华采访时描绘当时的"火爆"场面：每天清晨，天津顶新公司的门前就排起汽车长龙，人们翘首等待着从生产线上下来的"康师傅"，有的客户甚至是在公司门口席地而卧连夜等待⋯⋯

到1994年上半年，该集团总投资规模超过了3亿美元，企业达到12家，遍布于北京、天津、济南、上海、广州等地，日产"康师傅"方便面达30万包。这种超常规的发展其实也隐藏着一定的风险，一度使"康师傅"的资金链非常紧张。但为了尽快地完成布点，先入为主地占据当地市场，"康师傅"还是采取了这种快速扩张的战略。顶新集团副总裁李家群多年后在谈到"康师傅"的成功时曾说："最重要的是我们抓住了先机，抢到了'第一品牌'的形象，若是换在今天，任何一个品牌也不可能做到这样。"时机和速度成就了康师傅，从此，康师傅盘踞大陆方便面市场的龙头地位达10余年之久。

思考题：

你如何看待康师傅的快速扩张战略？

上述三个范例代表了三种类型的案例，案例 A 对管理情景、问题、原因、解决方案做了全盘描述，留给学习者的任务只是对已经发生的过程做一番评价或讨论；案例 B 给出了问题，没有给出解决方案，需要学习者自己找到问题的解决方案，因此难度有所提高；案例 C 只介绍了背景，需要学习者自己找出问题、分析原因、从而找到解决方案，因此难度更高。简单概括如表 8-2 所示。

表 8-2　案例类型与难度的关系

	案例 C	案例 B	案例 A
内容	有问题有解决方案	有问题无解决方案	无问题无解决方案
学习者	评价解决方案	找解决方案	找问题找解决方案
难度	低	中	高

案例设计的注意事项

那么案例设计还应该注意什么？根据笔者多年的培训经验，认为案例在设计时要注意以下事项：

- 来源于实践，是复杂现实的真实记录
- 具备信息不完整性，任何企业决策都是在不完整的信息下作出的
- 反映决策环境的非确定性
- 具有多种管理和社会科学知识的综合性
- 反映竞争环境的时代性和复杂性
- 主要是为培养分析能力和决策能力服务
- 具备多种决策方案的选择性
- 给决策者留有广泛的想象空间
- 避免简单因果关系和直线性思维

案例在教学讨论中也应注意以下事项：

- 学习者是讨论的主人，老师不要喧宾夺主
- 每一个学习者都要做决定

- 鼓励用学过的经济、管理理论和概念来解释案例中的现象
- 避免老师给的答案"讨论中唯一不需要做决策的是老师。"
- 防止"统一思想"
- 找出"正确答案"不是案例教学法的目的
- 精彩的场面是出现有见解的反对意见
- 老师的任务之一是抓住、理清和激化冲突
- 注意计划涉及的重要题目是否讨论到
- 做好时间的分配和控制

角色扮演

角色扮演是在技能类培训，如销售类培训、沟通类培训中经常会用到的培训方式，她需要学员通过角色带入，把掌握的技能、方法运用出来，这可以真实反映学员对技能点的掌握情况。

在做角色扮演环节时，经常会碰到以下问题：

1. 学员表现随意，以应付为主；

2. 角色扮演学员表现的时间拖沓，观摩者失去耐心；

3, 扮演的学员要么特别难搞，要么特别容易，不符合真实情况，达不到角色扮演的目的。

如何有效解决这些问题呢？这就需要在"角色扮演"方式上进行设计。

角色设定的两种模式

角色设定有两种方式，一种是面对面，另一种是背对背模式。

1. 面对面：做角色扮演的学员互相知道对方的身份和想法。

例如，在销售环节中，一位销售人员迎来一位想给自己买个高性价比手机的消费者，销售人员需要完成销售全过程。

2. 背对背：做角色扮演的学员不清楚对方的身份和想法。

　　例如，在销售环节中，一位销售人员迎来一位顾客，销售人员需要完成销售全过程，而顾客的情况、需求完全不清楚。对于销售人员来说，哪种难度更高？当然是背对背模式的难度更高。

　　在选择不同模式时要综合考虑：演练人员的实际水平、演练的难度和角色演练的目的。如果演练人员以新人居多，而且难度较大，那就可以采取"面对面"方式，如果演练人员多数是有经验的，那就可以采取"背对背"方式，加大演练难度。

角色演练的控制

　　"角色扮演"环节要出彩、出效果，最关键的是要加强"控制"。

　　1. 对"角色"的控制

　　需要提前设定"角色"的背景信息，假如是销售培训，可以对角色的年龄、需求、性格特质等做详细设定，同时，对于大家平时工作中经常犯的问题或错误也要设计进去，成为"陷阱"，看演练者是否有能力解决这些问题点，这样才能让大家在练中学，使演练有意义。

　　2. 对"时间"的控制

　　在进行角色演练时，需要规定时间，在要求时间内完成所需要的动作，而不能无限期演练。

　　3. 对"观摩者"的控制

　　制作"观摩评估表"，请观摩人员针对演练人员的表现进行评估、打分，然后发表意见，目的是让所有人都参与其中，观摩别人也是一种成长。

阶段性的总结与运用

　　现在就请选取课程中的一个知识点，进行"体验式教学"再设计。

第九章

美化课件

第一节 美化 PPT

🔩 **挑战 9-1** 请大家看看下面的培训课件，会发现什么样的问题？

呈现者的仪表（一）

男士的衣着：

*西装以深蓝色、黑色为主。

*衬衫颜色：白色、浅蓝色等为宜。

*领带不要太长或太短，有反差的、不是
大红的。

*衣着要平整，干净。

*鞋要和衣着相配，袜子要深色。

*头发要整齐，并在衣领外边。

主要存在杂乱无章、文字堆砌、呆板单调、重点不清等问题。

好的培训课程，也应该有好的呈现，很多内训师课件制作能力不够，还停留在堆砌文字的状态，主要原因有两点：

1. 不会：强大的功能不会使用，审美水平有限，做出的 PPT 比较原始粗糙；

2. 不重视：内心不重视 PPT 的美观程度。

课件的美观程度一定程度上体现了课程的成熟度，所以，真诚希望内训师多花一些时间放在课件制作、美化上。PPT 的制作水平是最容易提升的，只要花一下午的时间，看几本 PPT 制作方面的专业书籍，就可以得到快速提升。

因为本书着重放在课程内容设计上，关于 PPT 制作、美化不作为重点，所以具体的关于 PPT 的美化方法就不详述，给大家推荐几个提升 PPT 制作水平的渠道。

1. 专业书籍：我个人比较偏爱胡燕老师著的《这才是最强 PPT》，文笔轻松幽默，里面提供的 PPT 参考模版简约、有设计感，这本书可以提高 PPT 审美能力。

2. PPT 分享网站：www.slideshare.net.

www.rapidbbs.cn.

http://cn.bing.com/.

PPT 模版下载专业网站：www.rapidbbs.cn.

www.pooban.com.

图片下载渠道：www.bing.com. 建议输入英文进行搜索，可以获得更多有趣的图片。

如果你想让你的课件与众不同，也推荐大家使用另外一个课件制作软件 PREZI，做的效果非常炫酷，让人眼前一亮。正版软件需要在网站下载，且价格不菲，请大家自己评估。网址：https://prezi.com.

阶段性的总结与运用

现在就请完成课件的制作。

第二节　形成课件包

课件包内容

一个标准的课件包应包含以下内容：

1. PPT 课件；

2. 导师手册；

3. 学员手册；

4. 培训工具包，包括：评估表、测试题、音乐、视频、案例等培训用资料。

《导师手册》

1. 内容包括：培训课程、培训对象、课题研发背景、培训目的、培训目标、课程研发人、每页 PPT 的授课内容、培训工具（教学案例、活动说明等）。

2. 授课内容页可分为"PPT 缩小页、导师授课内容、核心要点"三个部分，导师由每页 PPT 进行详细说明。

《学员手册》建议

1. 有关键内容提示；

2. 有学员可以记笔记的地方；

3. 在后面可以附上供学员课下学习的参考资料。

阶段性的总结与运用

现在就请进行课件包的整合。

第十章

试讲验收

第一节　安排试讲

当内训师已完成所有课件，在正式培训之前，建议安排一个环节，那就是"试讲"。

组织试讲的必要性

及时发现问题，对课程内容和形式进行调整

记得在帮某企业培训老师开发精品课程时，一门课程组织试讲超过5次，在每次试讲后，我们都会认真研究学员和观摩老师的反馈，不断修正调整打磨课件，直到最后取得一致认可，提不出意见为止。实践证明，经过严格试讲后的课件是真正经受得住考验的课件，那几门课程最终推广到各地，都备受称赞。

帮助老师掌握课程节奏，提升对课程和学员的掌握

老师在讲授一门新课程时，难免会有逻辑不顺、内容不连贯、时间控制不当等问题，这些问题不要带到正式的课堂上去，而应该在试讲阶

段去解决，一般经过 3 ~ 5 遍的试讲，老师才能够把课程内容和组织理顺，从而保证真实上课的质量。

试讲组织安排的关键环节

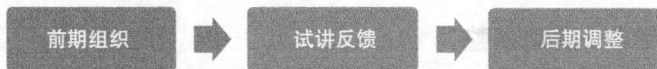

前期组织 ➡ 试讲反馈 ➡ 后期调整

第一环节：前期组织

1. 选择观摩学员

最佳选择是未来课程所需面对的真实学员，告知他们学习的内容，并且请他们记录下有关课程的意见，在课后提供反馈。

2. 邀请专家观摩

这里的专家包括两类：一类是培训专家，从培训课程设计和演绎角度给意见；另一类是业务专家，从讲授业务的角度、深度、实用性等方面给意见。

3. 准备观摩资料

为观摩的学员和专家发反馈表，请学员和专家提供专业建议。

第二环节：试讲反馈

在试讲完后，可组织大家进行反馈研讨：

内容部分

1. 内容是否切中员工工作中的实际问题，提供的技巧或知识是否实用？

2. 是否对工作绩效的提升有帮助？

3. 教学方法是否易于理解或接受？

4. 哪些内容受认可？哪些需要调整？

5. 其中的举例、案例等素材是否合适？是否能引起共鸣，引发学员思考？

现场演绎部分

1. 时间的有效控制：避免超时或过短，应控制在正负 10% 以内。

2. 是否与学员通过提问、参与环节进行了有效互动？

3. 学员的参与度如何？需要做什么调整？

第三环节：后期调整

根据试讲的反馈意见进行适当调整，如有必要再安排第二次、第三次试讲。

阶段性的总结与运用

请制定你的试讲计划。

- 时间：
- 场地：
- 邀请学员：
- 邀请的专家人员：
- 准备的资料：学员手册、评估表

第二节　组织验收

组织验收

当课件经过试讲几次后，就到了最后的验收环节，验收包括两大部分。

第一部分：验收教学课件

包括课件包内容完整度、内容详细度和实用度等，以下考核指标供参考，如表 10-1 所示。

表 10-1　组织验收考核表

评估项目	5分	4分	3分	2分	1分
1. 选题实用，可解决企业实际问题					
2. 课程目标符合 SMART 原则					
3. 课程结构严谨，符合金字塔原理					
4. 课程内容实用，可有效促进学员发生转变，提升绩效水平					
5. 运用了实际案例、数据等多种论证素材，论证充分，有说服力					
6. 运用了多种培训方法，如角色扮演、视频等，形式灵活、多样					
7. 有测试检验环节，可有效评估培训目标是否达成					
8. 课件美观大方、风格与企业形象、培训主题相统一					
9. 培训内容与培训时长匹配得当					
10. 为实际工作提供启发帮助					

第二部分：验收老师的实际授课水平

老师除了要制作出优质的课件，更要能在课堂上进行完美演绎，所以可以请老师进行实际授课，并进行评估、打分。

持续调整和优化

到此为止，一个课件的设计只能说是完成阶段性任务，课件在实际的培训过程中还需要不断的优化和完善，因为这个时代变化太快，外部环境在变，政策在变，人的想法也在变，我们的课件要做到不断更新，这样才能与时俱进。

课程的 TTT 内化

作为企业培训管理者要考虑，一个课件的研发是非常不容易的，那在企业里能讲解这门课程的老师有多少呢？如果只有一位，那是非常危险的，而且也不利于这个课件的价值最大化。所以建议对于有价值的课题，需要在企业内部培养多位兼职讲师，把好的理念、观点、技能和方法更快、更广泛地传播出去，而且通过更多的培训实践，也可以在企业内部培养一批优秀的内训师，以课带人，以人来优化课程，形成良性的循环，真正把企业内训盘活。记得在某企业，经过内训师课程培养项目，培养了一批内训师来讲系列课程，一年后再看到这些内训师时，变化非常大，很多老师已脱颖而出，成为当地特别受欢迎的老师，有的老师一年接到邀请并讲课 40 场，这已经建立起成熟的内训师团队了。

不积跬步，无以至千里，精品课程的研发和培训师团队的建立都不是几天可以做到的，但是只要坚持探索，就会有巨大的成长，只要坚守信念，就会获得更多认同。希望大家在课程研发的道路上不断成长。

参考文献

[1] 哈罗德 D 斯托洛维奇. 交互式培训 [M]. 派力，译. 北京：企业管理出版社，2012.

[2] R M 加涅. 教学设计原理 [M]. 皮连生，译. 上海：华东师范大学出版社，2004.

[3] M W 艾森克. 认知心理学 [M]. 高定国，等译. 上海：华东师范大学出版社，2006.

[4] 盛群力，宋洵. 走近五星教学 [M]. 济南：山东教育出版社，2010.

[5] 皮连生. 学与教的心理学 [M]. 上海：华东师范大学出版社，1997.

[6] 马里恩·威廉姆斯. 语言教师心理学：社会建构主义模式 [M]. 张红，王新，译. 北京：外语教学与研究出版社，2011.

[7] 李金钊. 基于脑的课堂教学：框架设计与实践应用 [M]. 上海：华东师范大学出版社，2013.

[8] 芭芭拉·明托. 金字塔原理 [M]. 汪洱，高愉，译. 海口：南海出版公司，2013.

[9] 鲍勃·派克. 重构学习体验——以学员为中心的创新性培训技术 [M]. 南京：江苏人民出版社，2015.

"日本经营之圣"稻盛和夫经营实录
（共6卷）
跨越世纪的演讲实录，见证经营之圣的成功之路

书号	书名	作者
9787111570790	赌在技术开发上	【日】稻盛和夫
9787111570165	利他的经营哲学	【日】稻盛和夫
9787111570813	企业成长战略	【日】稻盛和夫
9787111593256	卓越企业的经营手法	【日】稻盛和夫
9787111591849	企业家精神	【日】稻盛和夫
9787111592389	企业经营的真谛	【日】稻盛和夫

魏朱商业模式系列

发现商业模式
ISBN：978-7-111-74722-2

重构商业模式
ISBN：978-7-111-74715-4

商业模式的经济解释
ISBN：978-7-111-74693-5

透析盈利模式
ISBN：978-7-111-74692-8

商业模式的经济解释Ⅱ
ISBN：978-7-111-74909-7

超越战略
ISBN：978-7-111-74677-5